DR. OETKER

BACKEN MACHT FREUDE

DAS ORIGINAL

DR. OETKER

BACKEN MACHT FREUDE

DAS ORIGINAL

CERES

Rührteig

Biskuitteig

Knetteig

Hefeteig

Quark-Öl-Teig

Seite 162 bis Seite 179

Brandteig

Seite 180 bis Seite 193

Strudelteig

Seite 194 bis Seite 203

Zwillingsteig

Seite 204 bis Seite 215

Blätterteig

Fettgebäck

Weihnachts-gebäck

Brotteig

Ratgeber

BACKEN MACHT FREUDE —
welch ein Motto für ein Backbuch.

Seit seiner Einführung im Jahr 1927 haben mehrere Generationen nach diesem Standardwerk gearbeitet. Es wurde zu einem der erfolgreichsten Backbücher. — Unverzichtbar für alle, die mühelos backen wollen.

Nun liegt es wieder in einer aktualisierten Auflage vor. Die Klassiker sind erhalten, wurden jedoch nochmals auf ihre Gelingsicherheit durch die DR. OETKER-Versuchsküche überprüft, damit die Rezepte in bewährter Weise nachgebacken werden können. Neue Rezepte wurden ausprobiert und für gut befunden. Einige Rezepte, die in der vorgehenden Ausgabe vermißt wurden, sind wieder dabei.

Phasenabbildungen erleichtern das Nacharbeiten und appetitanregende Fotos lassen Vorfreude auf das eigene gelungene Gebäck aufkommen.

Ob Rühr-, Biskuit-, Knet-, Hefe-, Quark-Öl-, Brand-, Strudel-, Zwillings-, Blätter- oder Brotteig, ob Fett- oder Weihnachtsgebäck. Nach den Anleitungen in diesem Buch macht Backen Spaß.

RÜHRTEIG

Notwendige Vorarbeiten

Mehl und Backpulver mischen.
Ist Speisestärke oder Kakao vorgeschrieben, so wird es mit dem Mehl gemischt (Ausnahme Marmorkuchen).

Mehl und Backpulver sieben.
Das Sieben lockert das Mehl auf und verteilt das Backpulver gleichmäßig im Mehl. Das Gebäck wird dadurch besser gelockert. Vollkornmehl und Backpulver nur mischen.
Durch die gröbere Beschaffenheit des Vollkornmehls können sich keine Klümpchen bilden, so daß ein Sieben nicht erforderlich ist.
Für Rührteige die Kuchenformen mit streichfähiger Margarine oder Butter gut und gleichmäßig mit einem Pinsel ausfetten. Kein Öl verwenden, da dieses am Rand der Form herunterlaufen würde.
Die Formen evtl. noch mit Semmelbröseln ausstreuen.
Bei Springformen nur den Boden fetten.
Die Früchte folgendermaßen vorbereiten:
a) Korinthen und Rosinen verlesen.
b) Mandeln, die abgezogen werden sollen, in kochendes Wasser geben und sie 2–3 Minuten darin ziehen lassen (Topf von der Kochstelle nehmen). Nachdem sie abgetropft sind, die Schalen abziehen und die Mandeln zerkleinern.

Kastenform evtl. nach dem Fetten mit Papier auslegen, dadurch läßt sich das Gebäck besser aus der Form nehmen und bleibt länger frisch.
Das Papierfutter so herstellen: Den Boden der Form auf Backpapier aufzeichnen, die Form kippen und die Seitenlinien aufzeichnen. So mit allen vier Seiten verfahren. Die Ecken ausschneiden und die Bodenlinien knicken.

Die einzelnen Arbeitsgänge

„Die Margarine (Butter) geschmeidig rühren ...."
Wichtig dabei ist, daß das Fett weder zu flüssig noch zu fest ist. Flüssiges Fett kann überhaupt nicht geschmeidig gerührt werden, zu festes Fett muß vorher weich gemacht werden. Zu diesem Zweck wird die Rührschüssel mit heißem Wasser ausgespült und das Fett tüchtig durchgearbeitet. Das vollkommen streichfähige Fett auf höchster Stufe in etwa ½ Minute geschmeidig rühren.

„... Den mit Vanillin-Zucker gemischten Zucker nach und nach zu dem geschmeidig gerührten Fett geben...."
Dazu den Zucker eßlöffelweise zu dem Fett geben und sorgfältig verrühren.

... Bei Verwendung von Honig diesen ebenfalls nach und nach unterrühren.

RÜHRTEIG

„... Die Gewürze (Backöle, Aromen) hinzufügen...."

So lange rühren, bis eine gebundene Masse entstanden ist. Feinkörniger Zucker ist grobkörnigem vorzuziehen, da er sich leichter löst.

Bei Verwendung von Honig ist cremiger Honig (aber nicht zu stark auskristallisiert) dem flüssigen Honig vorzuziehen.

„... Eier hinzugeben...."

Jedes Ei in eine Tasse aufschlagen und prüfen, ob es gut ist. Die Eier niemals auf einmal in das mit Zucker (Honig) geschmeidig gerührte Fett geben, da sie sich dann schlecht unterrühren lassen.

Jedes Ei jeweils etwa ½ Minute unterrühren, bevor das nächste folgt. Wichtig ist, daß die Fett-Zucker-(Honig)-Eiermasse so lange gerührt wird, bis eine gebundene Masse entstanden ist.

„... Das mit Backpulver gemischte, gesiebte Mehl unterrühren...."

Eßlöffelweise das mit Backpulver gemischte, gesiebte Mehl auf mittlerer Stufe unterrühren. Wenn der Teig zu fest ist, etwas Milch hinzufügen. Backpulver darf nicht unmittelbar mit Flüssigkeit in Berührung kommen, da seine Triebkraft sonst vorzeitig ausgelöst würde. Sobald Mehl (evtl. Milch) zum Teig gegeben wurde nur kurz rühren, da sonst eine unregelmäßige Lockerung des Gebäckes eintritt (Rührblasen). Den fertigen Teig auf mittlerer Stufe durchrühren.

„… Nur so viel Milch verwenden, daß der Teig schwer (reißend) von einem Löffel fällt…."
Die notwendige Milchmenge hängt von der Aufnahmefähigkeit des Mehls und der Größe der Eier ab. Der Teig hat die richtige Beschaffenheit, wenn er schwer (reißend) vom Löffel fällt. Bei Zugabe von zu viel Milch kann das Gebäck Wasserstreifen erhalten. Eine Ausnahme bilden Rührteige, die sehr viel Fett und Eier und wenig oder keine Flüssigkeit enthalten. Sie können weicher sein, da die rohen Eier im Laufe des Backprozesses durch die Hitze fest werden.

„… Je nach Rezept vorbereitete Früchte zuletzt unter den Teig rühren…."
Früchte unter den Teig auf mittlerer Stufe rühren. Durch zu langes Rühren werden die Früchte zerquetscht und färben den Teig unansehnlich.

„… und ihn in die vorbereitete Form füllen."
Den fertigen Teig (am besten mit einer Teigkarte) in die vorbereitete Form füllen und glattstreichen. Die Formen müssen zu etwa zwei Dritteln mit Teig gefüllt sein.

RÜHRTEIG (GRUNDREZEPT)

250 g Margarine oder Butter	mit Handrührgerät mit Rührbesen auf höchster Stufe geschmeidig rühren, nach und nach
200 g Zucker 1 Päckchen Vanillin-Zucker 1 Prise Salz	unterrühren, so lange rühren, bis eine gebundene Masse entstanden ist
5 Eier	nach und nach unterrühren (jedes Ei etwa ½ Minute)
500 g Weizenmehl	mit
4 gestrichenen TL Backin	mischen, sieben, abwechselnd eßlöffelweise mit
etwa 50 ml Milch	auf mittlerer Stufe unterrühren (nur so viel Milch verwenden, daß der Teig schwer-reißend von einem Löffel fällt) den Teig in die vorbereitete Backform füllen, auf dem Rost in den Backofen schieben oder den Teig auf ein vorbereitetes Backblech streichen und je nach Rezept backen.

MARMORKUCHEN

(Titelfoto)

300 g Margarine, z. B. Sanella, oder Butter	mit Handrührgerät mit Rührbesen auf höchster Stufe geschmeidig rühren, nach und nach
275 g Zucker 1 Päckchen Vanillin-Zucker 1 Fläschchen Rum-Aroma Salz	unterrühren, so lange rühren, bis eine gebundene Masse entstanden ist
5 Eier	nach und nach unterrühren (jedes Ei etwa ½ Minute)
375 g Weizenmehl	mit
4 gestrichenen TL Backin	mischen, sieben, abwechselnd eßlöffelweise mit
etwa 3 EL Milch	auf mittlerer Stufe unterrühren (nur so viel Milch verwenden, daß der Teig schwer-reißend von einem Löffel fällt) zwei Drittel des Teiges in eine gefettete Napfkuchenform (Ø 24 cm) füllen
20 g Kakaopulver	sieben, mit
20 g Zucker 2–3 EL Milch	unter den Rest des Teiges rühren, so daß er wieder schwer-reißend vom Löffel fällt den dunklen Teig auf dem hellen Teig verteilen, eine Gabel spiralförmig durch die Teigschichten ziehen, damit ein Marmormuster entsteht
Strom	
Ober-/Unterhitze	170 – 200 °C (vorgeheizt)
Heißluft	160 – 170 °C (nicht vorgeheizt)
Gas	Stufe 2 – 3 (nicht vorgeheizt)
Backzeit	50 – 65 Minuten den erkalteten Kuchen mit
Puderzucker	bestäuben.
Abwandlung	Den Teig in einer gefetteten Kastenform (30 x 11 cm) backen. Nach dem Erkalten aprikotieren. Dafür 4 Eßlöffel durch ein Sieb gestrichene Aprikosen-Konfitüre mit 1 Eßlöffel Wasser unter Rühren etwas einkochen lassen, den Kuchen damit bestreichen.

REHRÜCKEN

(Foto Seite 8/9)

	Für den Teig
100 g Margarine oder Butter	mit Handrührgerät mit Rührbesen auf höchster Stufe geschmeidig rühren, nach und nach
150 g Zucker 1 Päckchen Vanillin-Zucker Salz	unterrühren, so lange rühren, bis eine gebundene Masse entstanden ist
3 Eier	nach und nach unterrühren (jedes Ei etwa ½ Minute)
100 g geriebene Schokolade	unterrühren
50 g Weizenmehl	mit
1 Päckchen Pudding-Pulver Schokolade 2 gestrichenen TL Backin	mischen, sieben, abwechselnd eßlöffelweise mit
2 EL Milch	auf mittlerer Stufe unterrühren (nur so viel Milch verwenden, daß der Teig schwer-reißend vom Löffel fällt), zuletzt
75 g abgezogene, gemahlene Mandeln	unter den Teig rühren, ihn in eine gefettete Rehrückenform (30 x 11 cm) füllen
Strom	
Ober-/Unterhitze	170 – 200 °C (vorgeheizt)
Heißluft	150 – 160 °C (nicht vorgeheizt)
Gas	Stufe 2 – 3 (nicht vorgeheizt)
Backzeit	50 – 60 Minuten.
	Für den Guß
100 g Zartbitter-Schokolade	in kleine Stücke brechen, mit
etwas Kokosfett	in einem kleinen Topf im Wasserbad bei schwacher Hitze zu einer geschmeidigen Masse verrühren, den erkalteten Kuchen damit überziehen, mit
40 g Mandelstiften	spicken.

Tip	Noch saftiger schmeckt der Rehrücken, wenn er sofort nach dem Backen aprikotiert wird. Dafür 4 bis 5 Eßlöffel Aprikosen-Konfitüre durch ein Sieb streichen, mit 1 Eßlöffel Wasser unter Rühren etwas einkochen lassen. Gebäck sofort bestreichen, erkalten lassen, erst dann mit Guß überziehen.

SPRITZGEBÄCK

375 g Margarine, z.B. Sanella, oder Butter	mit Handrührgerät mit Rührbesen auf höchster Stufe geschmeidig rühren, nach und nach
250 g Zucker 2 Päckchen Vanillin-Zucker Salz	unterrühren, so lange rühren, bis eine gebundene Masse entstanden ist
500 g Weizenmehl	sieben, zwei Drittel davon eßlöffelweise auf mittlerer Stufe unterrühren, den Teigbrei mit dem Rest des Mehls,
125 g abgezogenen, gemahlenen Mandeln	auf der Arbeitsfläche zu einem glatten Teig verkneten, zu Rollen formen, diese in eine Gebäckpresse geben, auf ein gefettetes Backblech spritzen, nach Belieben
10 g Kakaopulver	sieben, mit
10 g Zucker	mischen, unter knapp ein Drittel des Teiges kneten, etwas von dem dunklen Teig mit hellem Teig in die Gebäckpresse geben, auf ein gefettetes Backblech spritzen
Strom	
Ober-/Unterhitze	170 – 200 °C (vorgeheizt)
Heißluft	160 – 170 °C (nicht vorgeheizt)
Gas	Stufe 3 – 4 (vorgeheizt)
Backzeit	10 – 15 Minuten.
Abwandlung	Den Teig durch einen Fleischwolf mit Spezialvorsatz drehen, als Stangen, S-Formen oder Kränzchen auf ein Backblech legen. Die Enden der erkalteten Plätzchen in aufgelöste Schokolade tauchen oder zur Hälfte damit bestreichen.

ZITRONEN-QUARK-SAHNE-TORTE

☆ **für Gäste** ☆

	Für den Teig
150 g Margarine	
oder Butter	mit Handrührgerät mit Rührbesen auf höchster Stufe geschmeidig rühren, nach und nach
150 g Zucker	
1 Päckchen Vanillin-Zucker	
Salz	unterrühren, so lange rühren, bis eine gebundene Masse entstanden ist
3 Eier	nach und nach unterrühren (jedes Ei etwa ½ Minute)
125 g Weizenmehl	mit
25 g Speisestärke	
1 gestrichenen TL Backin	mischen, sieben, eßlöffelweise auf mittlerer Stufe unterrühren den Teig in eine Springform (Ø 28 cm, Boden gefettet) füllen, glattstreichen
Strom	
Ober-/Unterhitze	170 – 200 °C (vorgeheizt)
Heißluft	160 – 170 °C (nicht vorgeheizt)
Gas	Stufe 3 – 4 (nicht vorgeheizt)
Backzeit	25 – 30 Minuten
	den erkalteten Boden einmal durchschneiden.
	Für die Füllung
2 Päckchen Gelatine	
gemahlen, weiß	mit
8 EL kaltem Wasser	in einem kleinen Topf anrühren, 10 Minuten zum Quellen stehen lassen
2 Eigelb	mit
8 EL Zitronensaft	
150 g Zucker	
1 Päckchen Vanillin-Zucker	cremig rühren
500 g Magerquark	
500 g Sahnequark	
abgeriebene Schale von	
1 Zitrone (unbehandelt)	unterrühren
	die Gelatine unter Rühren erwärmen, bis sie gelöst ist, mit etwas von der Quarkmasse verrühren, unter die restliche Quarkmasse rühren

(Fortsetzung Seite 20)

500 g (2 Becher) Schlagsahne	
2 Eiweiß	beide Zutaten getrennt steif schlagen, unter die Quarkmasse heben, um den unteren Tortenboden einen innen mit Pergamentpapier belegten Springformrand stellen, die Quarkmasse einfüllen, glattstreichen
	den oberen Tortenboden in 16 Stücke schneiden, auf die Füllung legen, kalt stellen, damit die Füllung fest wird
	Torte vor dem Servieren aus dem Rand lösen, mit
Puderzucker	bestäuben.

RODONKUCHEN

☆ **einfach** ☆

	Für den Teig
250 g Margarine, z.B. Sanella, oder Butter	mit Handrührgerät mit Rührbesen auf höchster Stufe geschmeidig rühren, nach und nach
200 g Zucker	
1 Päckchen Vanillin-Zucker	
Salz	unterrühren, so lange rühren, bis eine gebundene Masse entstanden ist
5 Eier	nach und nach unterrühren (jedes Ei etwa ½ Minute)
500 g Weizenmehl	mit
4 gestrichenen TL Backin	mischen, sieben, abwechselnd eßlöffelweise mit
etwa 50 ml (gut 3 EL) Milch	auf mittlerer Stufe unterrühren (nur so viel Milch verwenden, daß der Teig schwer-reißend von einem Löffel fällt)
150 g Korinthen	
150 g Rosinen	verlesen, vorsichtig auf mittlerer Stufe unter den Teig rühren, ihn in eine gefettete Napfkuchenform (Ø 24 cm) füllen
Strom	
Ober-/Unterhitze	170 – 200 °C (vorgeheizt)
Heißluft	160 – 170 °C (nicht vorgeheizt)
Gas	Stufe 2 – 3 (nicht vorgeheizt)
Backzeit	50 – 60 Minuten.
	Für den Guß (nach Belieben)
200 g Puderzucker	mit
30 g Kakaopulver	mischen, sieben, mit
3 EL heißem Wasser	glattrühren, so daß eine dickflüssige Masse entsteht
25 g Kokosfett	zerlassen, unterrühren
	den erkalteten Kuchen damit überziehen.

KÖNIGSKUCHEN

300 g Margarine oder Butter	mit Handrührgerät mit Rührbesen auf höchster Stufe geschmeidig rühren, nach und nach
250 g Zucker 1 Beutel Vanille Aroma ½ Fläschchen Backöl Zitrone oder 1 Fläschchen Rum-Aroma Salz	unterrühren, so lange rühren, bis eine gebundene Masse entstanden ist
5 Eier	nach und nach unterrühren (jedes Ei etwa ½ Minute)
500 g Weizenmehl	mit
4 gestrichenen TL Backin	mischen, sieben, abwechselnd eßlöffelweise mit
2 – 3 EL Milch	auf mittlerer Stufe unterrühren (nur so viel Milch verwenden, daß der Teig schwer-reißend von einem Löffel fällt)
250 g Rosinen	verlesen, mit
50 g feingewürfeltem Zitronat (Sukkade) 50 g Belegkirschen (in Stücke geschnitten)	vorsichtig auf mittlerer Stufe unter den Teig rühren, ihn in eine gefettete, mit Backpapier ausgelegte Kastenform (35 x 11 cm) füllen
Strom	
Ober-/Unterhitze	160 – 180 °C (vorgeheizt)
Heißluft	140 – 150 °C (nicht vorgeheizt)
Gas	Stufe 2 – 3 (nicht vorgeheizt)
Backzeit	etwa 80 Minuten.

FRANKFURTER KRANZ

☆ für Gäste ☆

	Für den Teig
100 g Margarine, z.B. Sanella, oder Butter	mit Handrührgerät mit Rührbesen auf höchster Stufe geschmeidig rühren, nach und nach
150 g Zucker 1 Päckchen Vanillin-Zucker 4 Tropfen Backöl Zitrone oder ½ Fläschchen Rum-Aroma Salz	unterrühren, so lange rühren, bis eine gebundene Masse entstanden ist
3 Eier	nach und nach unterrühren (jedes Ei etwa ½ Minute)
150 g Weizenmehl	mit
50 g Speisestärke Gustin 2 gestrichenen TL Backin	mischen, sieben, eßlöffelweise auf mittlerer Stufe unterrühren den Teig in eine gefettete Kranzform (Ø 20 cm) füllen
Strom	
Ober-/Unterhitze	170 – 200 °C (vorgeheizt)
Heißluft	160 – 170 °C (nicht vorgeheizt)
Gas	Stufe 2 – 3 (nicht vorgeheizt)
Backzeit	35 – 45 Minuten.

(Fortsetzung Seite 24)

	Für die Buttercreme
	aus
1 Päckchen Pudding-Pulver Vanille-Geschmack	mit
100 g Zucker	
500 ml (½ l) Milch	nach Anleitung auf dem Päckchen (aber mit 100 g Zucker) einen Pudding zubereiten, kalt stellen, ab und zu durchrühren
250 g Butter	geschmeidig rühren, den Pudding eßlöffelweise darunter geben (darauf achten, daß weder Fett noch Pudding zu kalt sind, da dann die sogenannte Gerinnung eintritt).
	Für den Krokant
1 Messerspitze Butter	
60 g Zucker	
125 g abgezogene, gehackte Mandeln	unter Rühren so lange erhitzen, bis der Krokant genügend gebräunt ist, ihn auf ein Stück Alufolie geben, erkalten lassen den Kranz zweimal durchschneiden (Foto 1), die untere Gebäcklage mit
roter Konfitüre	bestreichen (Foto 2), die 3 Gebäcklagen mit Buttercreme zu einem Kranz zusammensetzen, ihn mit Creme bestreichen (etwas zurücklassen), mit Krokant bestreuen (Foto 3), mit zurückgelassener Creme verzieren, mit
Kirschen oder roter Konfitüre	garnieren (das Gebäck am besten einen Tag vor dem Verzehr füllen).

PRINZREGENTEN-TORTE ☆ für Gäste ☆

	Für den Teig
250 g Margarine oder Butter	mit Handrührgerät mit Rührbesen auf höchster Stufe geschmeidig rühren, nach und nach
250 g Zucker	
1 Päckchen Vanillin-Zucker	
Salz	unterrühren, so lange rühren, bis eine gebundene Masse entstanden ist

4 Eier	nach und nach unterrühren (jedes Ei etwa ½ Minute)
200 g Weizenmehl 50 g Speisestärke Gustin	mit
1 gestrichenen TL Backin	mischen, sieben, eßlöffelweise auf mittlerer Stufe unterrühren aus dem Teig 8 Böden backen dazu etwa 2 Eßlöffel des Teiges jeweils auf einen gefetteten Springformboden (Ø 28 cm) streichen (darauf achten, daß die Teiglage am Rand nicht zu dünn ist, damit der Boden dort nicht zu dunkel wird), jeden Boden ohne Springformrand hellbraun backen
Strom	
Ober-/Unterhitze	170 – 200 °C (vorgeheizt)
Heißluft	160 – 170 °C (nicht vorgeheizt)
Gas	Stufe 3 – 4 (vorgeheizt)
Backzeit	für jeden Boden 8 – 10 Minuten die Böden sofort nach dem Backen vom Springformboden lösen, auf einem Kuchenrost erkalten lassen.
	Für die Buttercreme aus
1 Päckchen Pudding-Pulver Schokolade 100 g Zucker 500 ml (½ l) Milch	nach Anleitung auf dem Päckchen (aber mit 100 g Zucker) einen Pudding zubereiten, kalt stellen, ab und zu durchrühren
250 g Butter	geschmeidig rühren, den Pudding eßlöffelweise darunter geben (darauf achten, daß weder Butter noch Pudding zu kalt sind, da dann die sogenannte Gerinnung eintritt) die einzelnen Böden mit der Buttercreme bestreichen, zu einer Torte zusammensetzen, die oberste Schicht soll aus einem Boden bestehen.
	Für den Guß
150 g Schokolade	in kleine Stücke brechen, mit
etwas Kokosfett	in einem kleinen Topf im Wasserbad bei schwacher Hitze zu einer geschmeidigen Masse verrühren, die Torte damit überziehen.
Abwandlung	Etwas von der Buttercreme in einen Spritzbeutel füllen, die Torte damit verzieren, mit Schokoladenplätzchen garnieren.

RÜHRTEIG

HIMMELSTORTE

☆ für Gäste ☆

	Für den Teig
250 g Butter	mit Handrührgerät mit Rührbesen auf höchster Stufe geschmeidig rühren, nach und nach
200 g Zucker 1 Päckchen Vanillin-Zucker Salz	unterrühren, so lange rühren, bis eine gebundene Masse entstanden ist
5 Eigelb	nach und nach unterrühren (jedes Eigelb etwa ½ Minute)
250 g Weizenmehl	mit
2 gestrichenen TL Backin	mischen, sieben, eßlöffelweise auf mittlerer Stufe unterrühren.
	Für den Belag
5 Eiweiß	steif schlagen
1 TL Zucker	unterschlagen für 4 Böden jeweils 2 Eßlöffel des Teiges auf einen gefetteten Springformboden (Ø 28 cm) streichen (darauf achten, daß die Teiglage am Rand nicht zu dünn ist, damit der Boden dort nicht zu dunkel wird) ein Viertel von dem steifgeschlagenen Eischnee gleichmäßig auf jeden Boden verteilen
50 g Zucker	mit
etwas gemahlenem Zimt	mischen, ein Viertel davon und ein Viertel von
100 g abgezogenen, gehobelten Mandeln	auf jeden Teigboden streuen, jeden Boden ohne Springformrand backen, bis er hellbraun ist (unterste Schiene)
Strom	
Ober-/Unterhitze	170 – 200 °C (vorgeheizt)
Heißluft	160 – 170 °C (nicht vorgeheizt)
Gas	Stufe 3 – 4 (vorgeheizt)
Backzeit	15 – 20 Minuten die Böden sofort nach dem Backen mit Springformboden auf einen Kuchenrost legen, etwas abkühlen lassen, erst dann vom Springformboden lösen.

(Fortsetzung Seite 28)

	Für die Füllung
500 g Johannisbeertrauben	waschen, gut abtropfen lassen, abstreifen, mit
125 g gesiebtem Puderzucker	bestreuen
500 g (2 Becher) Schlagsahne	½ Minute schlagen
3 Päckchen Sahnesteif	einstreuen, die Sahne steif schlagen, die Johannisbeeren unter die Sahne heben, die einzelnen Böden mit der Füllung bestreichen, zu einer Torte zusammensetzen, die oberste Schicht soll aus einem Boden bestehen.
Abwandlung	Die Füllung kann auch mit Himbeeren zubereitet werden, dann aber nur 50 g Puderzucker verwenden.

Wiener Sandtorte

☆ **einfach** ☆

6 Eier	mit Handrührgerät mit Rührbesen auf höchster Stufe mit
375 g feinkörnigem Zucker	(eßlöffelweise hinzufügen)
2 Päckchen Vanillin-Zucker	1½-2 Minuten schlagen
2 EL Wasser	hinzugeben
175 g Weizenmehl	mit
175 g Speisestärke Gustin	
1½ gestrichenen TL Backin	mischen, sieben, eßlöffelweise auf mittlerer Stufe unterrühren
375 g zerlassene Butter	heiß (aber nicht kochend) vorsichtig unterrühren
	den Teig in eine Springform (Ø 28 cm, Boden gefettet) füllen
Strom	
Ober-/Unterhitze	150 – 170 °C (vorgeheizt)
Heißluft	140 – 150 °C (nicht vorgeheizt)
Gas	Stufe 2 – 3 (nicht vorgeheizt)
Backzeit	etwa 70 Minuten
	die Torte aus der Form lösen, auf einem Kuchenrost abkühlen lassen, mit
Puderzucker	bestäuben.

KRÜMELKUCHEN MIT APFELFÜLLUNG

Für den Teig

250 g Margarine, z.B. Sanella, oder Butter	mit Handrührgerät mit Rührbesen auf höchster Stufe geschmeidig rühren, nach und nach
200 g Zucker 1 Päckchen Vanillin-Zucker Salz	unterrühren, so lange rühren, bis eine gebundene Masse entstanden ist
1 Ei	unterrühren (etwa ½ Minute)
500 g Weizenmehl	mit
1 Päckchen Backin	mischen, sieben, die Hälfte eßlöffelweise auf mittlerer Stufe unterrühren, den Rest des Mehls auf den Teig geben, mit Handrührgerät mit Knethaken zu einer krümeligen Masse verarbeiten.

Für die Füllung

1½ – 2 kg Äpfel	schälen, vierteln, entkernen, in kleine Stücke schneiden, mit
1 EL Wasser 100 – 175 g Zucker 1 Messerspitze gemahlenem Zimt 75 g verlesenen Rosinen	unter Rühren dünsten, erkalten lassen, evtl. noch mit
Zucker	abschmecken die Hälfte des Teiges auf ein gefettetes Backblech geben, gut andrücken, an den Rändern etwa ½ cm hochdrücken vor den Teig einen mehrfach umgeknickten Streifen Alufolie legen die Füllung gleichmäßig auf den Teig streichen, mit den restlichen Krümeln bestreuen
Strom	
Ober-/Unterhitze	170 – 200 °C (vorgeheizt)
Heißluft	160 – 170 °C (nicht vorgeheizt)
Gas	Stufe 3 – 4 (nicht vorgeheizt)
Backzeit	35 – 45 Minuten.
Tip	Der Kuchen kann bereits einen Tag vor dem Verzehr gebacken werden.

RÜHRTEIG

APFELKUCHEN, SEHR FEIN

☆ **einfach** ☆

	Für den Teig
125 g Margarine oder Butter	mit Handrührgerät mit Rührbesen auf höchster Stufe geschmeidig rühren, nach und nach
125 g Zucker 1 Päckchen Vanillin-Zucker Salz ½ Fläschchen Backöl Zitrone	unterrühren, so lange rühren, bis eine gebundene Masse entstanden ist
3 Eier	nach und nach unterrühren (jedes Ei etwa ½ Minute)
200 g Weizenmehl	mit
2 gestrichenen TL Backin	mischen, sieben, abwechselnd eßlöffelweise mit
1 – 2 EL Milch	auf mittlerer Stufe unterrühren (nur so viel Milch verwenden, daß der Teig schwer-reißend von einem Löffel fällt) den Teig in eine Springform (Ø 28 cm, Boden gefettet) füllen, glattstreichen.
	Für den Belag
750 g Äpfel	schälen, vierteln, entkernen, mehrmals der Länge nach einritzen, kranzförmig auf den Teig legen, die Äpfel mit
25 g zerlassener Butter	bestreichen, nach Belieben das Ganze mit
40 g verlesenen Rosinen	bestreuen
Strom	
Ober-/Unterhitze	170 – 200 °C (vorgeheizt)
Heißluft	160 – 170 °C (nicht vorgeheizt)
Gas	Stufe 3 – 4 (nicht vorgeheizt)
Backzeit	40 – 50 Minuten.
	Zum Aprikotieren
2 EL durch ein Sieb gestrichene Aprikosen-Konfitüre	mit
1 EL Wasser	unter Rühren aufkochen lassen den Kuchen sofort nach dem Backen damit bestreichen.
Abwandlung	Anstelle der Äpfel 600 g entsteinte Sauerkirschen verwenden.

GRILLKUCHEN (SCHICHTKUCHEN)

	Für den Teig
250 g Margarine, z.B. Sanella, oder Butter	mit Handrührgerät mit Rührbesen auf höchster Stufe geschmeidig rühren, nach und nach
250 g Zucker 1 Päckchen Vanillin-Zucker Salz	unterrühren, so lange rühren, bis eine gebundene Masse entstanden ist
2 Eier 4 Eigelb	nach und nach unterrühren (jedes Ei - Eigelb - etwa ½ Minute)
4 EL Rum	unterrühren
150 g Weizenmehl 100 g Speisestärke Gustin 3 gestrichene TL Backin	mischen, sieben, eßlöffelweise auf mittlerer Stufe unterrühren
4 Eiweiß	steif schlagen, zuletzt vorsichtig unter den Teig rühren den gefetteten Boden einer Kastenform (35 x 11 cm) mit Backpapier auslegen, einen gut gehäuften Eßlöffel Teig gleichmäßig mit einem Pinsel darauf streichen die Form auf dem Rost in den Backofen schieben (Abstand zwischen Grill und Teigschicht etwa 20 cm) die Teigschicht unter dem vorgeheizten Grill hellbraun backen
Grillzeit	
Strom	etwa 2 Minuten
Gas	etwa 2 Minuten als zweite Schicht wieder 1 – 2 Eßlöffel Teig auf die gebackene Schicht streichen, die Form wieder unter den Grill schieben, auf diese Weise den ganzen Teig verarbeiten (die Einschubhöhe nach Möglichkeit so verändern, daß der Abstand von etwa 20 cm zwischen Grill und Teigschicht bestehen bleibt), den fertigen Kuchen mit einem Messer vorsichtig vom Rand der Form lösen, auf ein Backblech stürzen, das Papier abziehen, sofort noch etwa 5 Minuten in den heißen Backofen schieben.

	Für den Guß
100 g Schokolade	in kleine Stücke brechen, mit
25 g Kokosfett	in einem kleinen Topf im Wasserbad bei schwacher Hitze zu einer geschmeidigen Masse verrühren, den erkalteten Kuchen damit überziehen.
Tip	Für Kleingebäck Kuchen in vier Stangen schneiden. Jede Stange mit Guß überziehen.

HEIDESAND

250 g Butter	zerlassen, bräunen, in eine Rührschüssel geben, kalt stellen die wieder festgewordene Butter mit Handrührgerät mit Rührbesen auf höchster Stufe geschmeidig rühren, nach und nach
200 g Zucker 1 Päckchen Vanillin-Zucker Salz	
2–3 EL Milch	unterrühren, so lange rühren, bis eine weißcremige Masse entstanden ist
375 g Weizenmehl	mit
1 gestrichenen TL Backin	mischen, sieben, zwei Drittel davon eßlöffelweise auf mittlerer Stufe unterrühren den Teigbrei mit dem Rest des Mehls auf der Arbeitsfläche zu einem glatten Teig verkneten daraus etwa 3 cm dicke Rollen formen, kalt stellen, bis sie hart geworden sind die Rollen in etwa ½ cm dicke Scheiben schneiden, auf ein Backblech legen
Strom	
Ober-/Unterhitze	170–200 °C (vorgeheizt)
Heißluft	160–170 °C (nicht vorgeheizt)
Gas	Stufe 2–3 (vorgeheizt)
Backzeit	10–15 Minuten.

RÜHRTEIG

SCHNEETORTE

☆ für Gäste ☆

	Für den Teig
100 g Margarine	
oder Butter	mit Handrührgerät mit Rührbesen auf höchster Stufe geschmeidig rühren, nach und nach
100 g Zucker	
1 Päckchen Vanillin-Zucker	
Salz	unterrühren, so lange rühren, bis eine gebundene Masse entstanden ist
4 Eigelb	nach und nach unterrühren (jedes Eigelb etwa ½ Minute)
125 g Weizenmehl	mit
½ gestrichenen TL Backin	mischen, sieben, nach und nach auf mittlerer Stufe unterrühren.
	Für den Belag
4 Eiweiß	steif schlagen, nach und nach
200 g feinkörnigen	
Zucker	unterschlagen
	für 2 Böden jeweils die Hälfte des Teiges auf einen gefetteten Springformboden (Ø 28 cm) streichen
	die Hälfte des Eischnees darauf verteilen, mit der Hälfte von
100 g abgezogenen,	
gehobelten Mandeln	bestreuen
	jeden Boden mit Springformrand backen (untere Einschubleiste)
Strom	
Ober-/Unterhitze	170 – 200 °C (vorgeheizt)
Heißluft	160 – 170 °C (nicht vorgeheizt)
Gas	Stufe 3 – 4 (vorgeheizt)
Backzeit	für jeden Boden etwa 20 Minuten
	die Böden sofort nach dem Backen vom Springformboden lösen, zum Abkühlen auf einen Kuchenrost legen.
	Für die Füllung
375-500 g Stachel-	
beeren (aus dem Glas)	zum Abtropfen auf ein Sieb geben, von dem Saft 250 ml (¼ l) abmessen

(Fortsetzung Seite 36)

	Guß aus
1 Päckchen Tortenguß, klar	
1 EL Zucker	und dem abgemessenen Saft nach Anleitung zubereiten, die Stachelbeeren unterrühren, die Masse abkühlen lassen
500 g (2 Becher) Schlagsahne	mit
2 Päckchen Sahnesteif	
2 TL Zucker	nach Anleitung steif schlagen einen Boden zunächst mit der Stachelbeermasse und dann mit der Sahnemasse bestreichen den anderen Boden in 16 Stücke schneiden, auf die Sahnemasse legen.

Englisches Teegebäck

100 g Marzipan-Rohmasse	mit
250 g Margarine, z.B. Sanella, oder Butter	mit Handrührgerät mit Rührbesen auf höchster Stufe geschmeidig rühren, nach und nach
100 g Rohrzucker	unterrühren, so lange rühren, bis eine gebundene Masse entstanden ist
250 g Weizenmehl	sieben, eßlöffelweise auf mittlerer Stufe unterrühren den Teig zu einer Rolle formen, 2 – 3 Stunden kalt stellen den Teig etwa ½ cm dick ausrollen, in Streifen von etwa 1½ x 6 cm schneiden, die Teigstreifen etwa 30 Minuten kalt stellen, auf ein gut gefettetes Backblech legen auf jeden Teigstreifen mit einer Gabel ein Muster eindrücken die Teigstreifen mit
Rohrzucker oder Zucker	bestreuen
Strom	
Ober-/Unterhitze	150 – 170 °C (vorgeheizt)
Heißluft	140 – 150 °C (nicht vorgeheizt)
Gas	Stufe 2 – 3 (vorgeheizt)
Backzeit	etwa 10 Minuten.

OMAS NUSSKUCHEN

	Für den Teig
150 g Haselnußkerne	mahlen, auf einem Backblech im Backofen leicht rösten
100 g Haselnußkerne	fein hacken
250 g Margarine, z.B. Sanella, oder Butter	mit Handrührgerät mit Rührbesen auf höchster Stufe geschmeidig rühren, nach und nach
175 g Zucker	
1 Päckchen Vanillin-Zucker	
Salz	unterrühren, so lange rühren, bis eine gebundene Masse entstanden ist
4 Eier	nach und nach unterrühren (jedes Ei etwa ½ Minute)
200 g Weizenmehl	mit
1 gestrichenen TL Backin	mischen, sieben, eßlöffelweise auf mittlerer Stufe unterrühren
100 g kleingeschnittene Zartbitter-Schokolade	und alle Haselnußkerne unter den Teig heben, ihn in eine gefettete, mit Backpapier ausgelegte Kastenform (30 x 11 cm) füllen
Strom	
Ober-/Unterhitze	170 – 200 °C (vorgeheizt)
Heißluft	160 – 170 °C (nicht vorgeheizt)
Gas	Stufe 2 – 3 (nicht vorgeheizt)
Backzeit	60 – 70 Minuten
	den Kuchen sofort nach dem Backen mehrmals mit einem Hölzchen einstechen, ihn von allen Seiten mit
5 EL Rum	bestreichen.
	Zum Aprikotieren
4 EL Aprikosen-Konfitüre	durch ein Sieb streichen, mit
3 EL Wasser	unter Rühren etwas einkochen lassen, den Kuchen damit bestreichen, gut auskühlen lassen.
	Für den Guß
100 g Schokolade	in kleine Stücke brechen, mit
etwas Kokosfett	in einem kleinen Topf im Wasserbad zu einer geschmeidigen Masse verrühren, den erkalteten Kuchen damit bestreichen.

Irischer Früchtekuchen

☆ **Vollwert** ☆

200 g verlesene Sultaninen	
125 g verlesene Korinthen	
100 g gewürfeltes Zitronat (Sukkade)	
100 g gewürfeltes Orangeat	mit
200 ml Whisky	übergießen, verrühren, zugedeckt über Nacht durchziehen lassen.
	Für den Teig
300 g Butter	mit Handrührgerät mit Rührbesen auf höchster Stufe geschmeidig rühren, nach und nach
250 g flüssigen Honig, Meersalz	unterrühren, so lange rühren, bis eine gebundene Masse entstanden ist
6 Eier	nach und nach unterrühren (jedes Ei etwa ½ Minute)
300 g Weizen, feingemahlen	mit
1 schwach gehäuften TL Backin	mischen, mit
100 g abgezogenen, gemahlenen Mandeln	eßlöffelweise auf mittlerer Stufe unterrühren, zum Schluß die eingeweichten Früchte unterheben den Boden einer Springform (Ø 22 cm) fetten, innen um den Springfomrand einen doppelten Streifen Alufolie legen, der 6-7 cm über den Springformrand hinausragt den Teig in die Form füllen, glattstreichen die Teigoberfläche mit
60 g abgezogenen, halbierten Mandeln	belegen
Strom	
Ober /Unterhitze	150 – 170 °C (vorgeheizt)
Heißluft	etwa 140 °C (nicht vorgeheizt)
Gas	etwa Stufe 2 (nicht vorgeheizt)
Backzeit	2 – 2¼ Stunden den gebackenen Kuchen vorsichtig aus der Form nehmen, die Alufolie abziehen.

(Fortsetzung Seite 40)

Zum Aprikotieren

3 EL Pfirsich-Aprikosen-Maracuja-Konfitüre (mit Birnendicksaft zubereitet) durch ein Sieb streichen, den Kuchen sofort nach dem Backen damit bestreichen.

WEIHNACHTSTORTE

Für den dunklen Teig

100 g Weizenmehl mit
30 g Speisestärke Gustin
10 g Kakaopulver
3 gestrichenen TL Backin mischen, in eine Rührschüssel sieben
150 g Zucker
1 Päckchen Vanillin-Zucker
Salz
3 Eier
1 EL Wasser
125 g Margarine oder Butter hinzufügen, mit Handrührgerät mit Rührbesen in etwa 2 Minuten zu einem glatten Teig verarbeiten.

Für den hellen Teig

130 g Weizenmehl mit
3 gestrichenen TL Backin mischen, in eine Rührschüssel sieben
130 g Zucker
1 Päckchen Vanillin-Zucker
Salz
4 Eier
130 g Margarine oder Butter hinzufügen, mit Handrührgerät mit Rührbesen in etwa 2 Minuten zu einem glatten Teig verarbeiten
jeden Teig in eine Springform (Ø 28 cm, Boden gefettet, mit Backpapier belegt) füllen

Strom	
Ober-/Unterhitze	etwa 170 °C (vorgeheizt)
Heißluft	etwa 160 °C (nicht vorgeheizt)
Gas	Stufe 3 (nicht vorgeheizt)
Backzeit	für jeden Boden etwa 30 Minuten Böden aus den Formen lösen, auf einen Kuchenrost stürzen, erkalten lassen, jeden Boden einmal durchschneiden.

Für die Füllung

	aus
1 Päckchen Pudding-Pulver Vanille-Geschmack 75 – 100 g Zucker 2 Päckchen Bourbon Vanille-Zucker 500 ml (½ l) Milch	nach Anleitung auf dem Päckchen einen Pudding zubereiten, kalt stellen, ab und zu durchrühren
250 g Butter	geschmeidig rühren, den erkalteten Pudding eßlöffelweise darunter geben
100 g Kokosfett	zerlassen, unterschlagen, den unteren hellen Boden mit
2 EL Waldfrucht-Konfitüre	bestreichen, den unteren dunklen Boden darauf legen.

Für die Zuckerlösung

125 ml (⅛ l) Wasser	mit
60 g Zucker	unter Rühren aufkochen lassen
5 EL Himbeergeist	unterrühren, den unteren dunklen Boden mit einem Drittel der Lösung tränken (mit Pinsel), zuerst mit
2 EL Waldfrucht-Konfitüre	dann mit einem Drittel der Creme bestreichen, den oberen hellen Boden darauf legen, tränken und mit einem weiteren Drittel der Creme bestreichen, den oberen dunklen Boden darauf legen, andrücken und tränken, Rand und obere Seite der Torte mit der restlichen Creme bestreichen, den Rand mit
Schokoladen-Täfelchen	belegen.

Zum Garnieren

je 75 g Halbbitter-, Vollmilch- und Weiße Kuvertüre	mit jeweils 5 g von
15 g Kokosfett	auflösen, auf eine Platte streichen, fest werden lassen, zu großen Blättern schaben, auf die Torte legen.

AMERIKANER

☆ **für Kinder** ☆

	Für den Teig
65 g Margarine, z.B. Sanella, oder Butter	mit Handrührgerät mit Rührbesen auf höchster Stufe geschmeidig rühren, nach und nach
90 g Zucker 1 Päckchen Vanillin-Zucker 5 Tropfen Butter-Vanille-Aroma Salz	unterrühren, so lange rühren, bis eine gebundene Masse entstanden ist
2 Eier	nach und nach unterrühren (jedes Ei etwa ½ Minute)
250 g Weizenmehl	mit
3 gestrichenen TL Backin	mischen, sieben, nach und nach mit
100 ml Milch	auf mittlerer Stufe unterrühren mit 2 Eßlöffeln etwa 12 Häufchen nicht zu dicht nebeneinander auf mit Backpapier belegte Backbleche geben, mit einem feuchten Messer etwas nachformen
Strom	
Ober-/Unterhitze	170 – 200 °C (vorgeheizt)
Heißluft	etwa 160 °C (nicht vorgeheizt)
Gas	Stufe 3 – 4 (vorgeheizt)
Backzeit	20 – 25 Minuten nach etwa 15 Minuten Backzeit die Oberfläche mit Milch bestreichen.
	Für den Guß
200 g Puderzucker	sieben, mit
2-3 EL Zitronensaft	glattrühren, so daß eine dickflüssige Masse entsteht die noch heißen Amerikaner auf der Unterseite damit bestreichen, nach Belieben mit
abgezogenen, gehackten Mandeln gehackten Pistazien Hagelzucker Kokosraspeln	bestreuen, oder
125 g Kuvertüre	mit
etwas Kokosfett	in einem kleinen Topf im Wasserbad bei schwacher Hitze auflösen, die erkalteten Amerikaner auf der Unterseite damit bestreichen, nach Belieben garnieren.

Zitronen-Duchesse

	Für den Teig
50 g Margarine oder Butter 100 g Marzipan-Rohmasse 2 Eigelb	mit Handrührgerät mit Rührbesen auf höchster Stufe geschmeidig rühren, nach und nach
100 g gesiebten Puderzucker 1 Päckchen Vanillin-Zucker abgeriebene Schale von 1 Zitrone (unbehandelt)	unterrühren, so lange rühren, bis eine gebundene Masse entstanden ist (etwa 3 Minuten)
100 g Weizenmehl	sieben, abwechselnd mit
2 EL Milch	auf mittlerer Stufe unterrühren
2 Eiweiß	steif schlagen, unterziehen
	den Teig in einen Spritzbeutel mit kleiner Lochtülle füllen, kleine flache Plätzchen nicht zu dicht nebeneinander auf ein gefettetes Backblech spritzen (Foto 1)
Strom	
Ober-/Unterhitze	etwa 170 °C (vorgeheizt)
Heißluft	etwa 160 °C (nicht vorgeheizt)
Gas	Stufe 2 – 3 (vorgeheizt)
Backzeit	10 – 12 Minuten

(Fortsetzung Seite 46)

	die Hälfte der erkalteten Plätzchen auf der Unterseite mit
etwa 3 EL verrührtem Zitronen-Gelee	bestreichen, mit den übrigen Plätzchen bedecken (Foto 2).
	Für den Guß
150 g Halbbitter-Kuvertüre	in Stücke schneiden, mit
etwas Kokosfett	in einem kleinen Topf im Wasserbad bei schwacher Hitze geschmeidig rühren die Plätzchen zur Hälfte hineintauchen (Foto 3).

Crème-fraîche-Waffeln

☆ schnell ☆

2 Becher (je 150 g) Crème fraîche	mit Handrührgerät mit Rührbesen auf höchster Stufe kurz verrühren, nach und nach
100 g Zucker abgeriebene Schale von ½ Zitrone (unbehandelt) Salz	unterrühren, so lange rühren, bis eine gebundene Masse entstanden ist
3 Eier	nach und nach unterrühren (jedes Ei etwa ½ Minute)
250 g Weizenmehl	mit
1 gestrichenen TL Backin	mischen, sieben, eßlöffelweise auf mittlerer Stufe unterrühren den Teig in nicht zu großen Portionen in ein gut gefettetes, erhitztes Waffeleisen füllen, sofort gut verstreichen die Waffeln goldbraun backen, einzeln auf einem Kuchenrost erkalten lassen.
Beigabe	Geschlagene Sahne, Vanilleeis, gezuckerte Beerenfrüchte, Marmelade oder Gelee.

ANANAS-MARZIPAN-KUCHEN

	Für den Teig
200 g Marzipan-Rohmasse	mit Handrührgerät mit Rührbesen gut verrühren
175 g Margarine, z.B. Sanella, oder Butter	hinzufügen, alles zu einer geschmeidigen Masse verrühren, nach und nach
175 g Zucker 1 Päckchen Vanillin-Zucker Salz	unterrühren, so lange rühren, bis eine gebundene Masse entstanden ist
3 Eier	nach und nach unterrühren (jedes Ei etwa ½ Minute)
300 g Weizenmehl	mit
2 gestrichenen TL Backin	mischen, sieben, eßlöffelweise auf mittlerer Stufe unterrühren
3 Ananasscheiben (etwa 200 g, aus der Dose)	auf einem Sieb abtropfen lassen, in kleine Stücke schneiden, vorsichtig auf mittlerer Stufe unter den Teig rühren, ihn in eine gefettete, mit Backpapier ausgelegte Kastenform (30 x 11 cm) füllen
Strom	
Ober-/Unterhitze	170 – 200 °C (vorgeheizt)
Heißluft	160 – 170 °C(nicht vorgeheizt)
Gas	Stufe 3 – 4 (nicht vorgeheizt)
Backzeit	60 – 70 Minuten.
	Für den Guß
100 g Zartbitter-Schokolade	in kleine Stücke brechen, mit
etwas Kokosfett	in einem kleinen Topf im Wasserbad bei schwacher Hitze zu einer geschmeidigen Masse verrühren
Ananasstücken	den erkalteten Kuchen damit überziehen, nach Belieben mit garnieren.

SANDKUCHEN

250 g Margarine	
oder Butter	zerlassen, in eine Rührschüssel geben, kalt stellen
	das wieder festgewordene Fett mit Handrührgerät mit Rührbesen auf höchster Stufe geschmeidig rühren, nach und nach
200 g Zucker	
1 Päckchen	
Vanillin-Zucker	
Salz	
einige Tropfen	
Backöl Zitrone	unterrühren, so lange rühren, bis eine gebundene Masse entstanden ist
4 Eier	nach und nach unterrühren (jedes Ei etwa ½ Minute)
125 g Weizenmehl	mit
125 g Speisestärke	
Gustin	
½ gestrichenen TL	
Backin	mischen, sieben, eßlöffelweise auf mittlerer Stufe unterrühren
	den Teig in eine gefettete, mit Backpapier ausgelegte Kastenform (30 x 11 cm) füllen
Strom	
Ober-/Unterhitze	160 – 180 °C (vorgeheizt)
Heißluft	etwa 150 °C (nicht vorgeheizt)
Gas	Stufe 2 – 3 (nicht vorgeheizt)
Backzeit	65 – 75 Minuten.
	Für den Guß
100 g Schokolade	in kleine Stücke brechen, mit
etwas Kokosfett	in einem kleinen Topf im Wasserbad bei schwacher Hitze zu einer geschmeidigen Masse verrühren, den erkalteten Kuchen damit überziehen.

BISKUITTEIG

Notwendige Vorarbeiten

Haselnußkerne oder Mandeln nach der Anweisung unter Rührteig Seite 10 vorbereiten.

Für Biskuitteige den Boden der Backbleche und Backformen mit Papier belegen (Abb. a – c).

Es ist empfehlenswert, Backformen und Backbleche mit Back-Papier oder Pergamentpapier auszulegen.

a) Das Papier für eine Springform so herstellen: Die Form umdrehen (Boden nach oben), das Papier darauf legen. Mit einem Messerrücken das am Rand überstehende Papier abstreifen.

b) Das Ausfetten der Form.
Den Boden an etwa 4 Stellen mit streichfähiger Margarine oder Butter einfetten – am besten mit einem Pinsel. **Den Rand nicht fetten.**

c) Das Papier auf den Boden legen und gut andrükken. Dazu das Papier von einer Seite ausgehend auf den Boden der zusammengesetzten Springform legen. Mit den Händen glattstreichen, so daß keine Unebenheiten oder Falten entstehen.

Die einzelnen Arbeitsgänge

„... Eier..."

Zum Backen sollten stets frische Eier verwendet werden. Trotzdem sollte jedes Ei in eine Tasse aufgeschlagen werden, um zu prüfen, ob es gut ist. Ein schlechtes Ei – als letztes hinzugeben – verdirbt die schon verrühren Zutaten.

„... und heißes Wasser in 1 Minute schaumig schlagen..."

Zum Ei das Wasser geben. Ist die Wassermenge in dem Rezept in einer Spanne angegeben, sich nach der Größe der Eier richten. Bei kleinen Eiern die größere und bei großen Eiern die kleinere Wassermenge nehmen.

BISKUITTEIG

„... und den mit Vanillin-Zucker gemischten Zucker oder Honig in 1 Minute hinzufügen. Dann noch etwa 2 Minuten schlagen. Unter die Eiercreme die Gewürze geben..."

„... Darüber die Hälfte des mit Speisestärke und Backpulver gemischten Mehls sieben und kurz auf niedrigster Stufe unterrühren. Den Rest des Mehls auf dieselbe Weise unterarbeiten..."
Mischen und Sieben lockern das Mehl auf und verteilen Speisestärke (Pudding-Pulver, Kakao) und Backpulver gleichmäßig darin. Das Gebäck wird dadurch besser gelockert.

Bei Verwendung von **Vollkornmehl** das mit Backpulver gemischte Mehl in zwei Portionen auf niedrigster Stufe unterrühren.

„... und den Teig in die mit Papier ausgelegte Form (Backblech) füllen".
Am besten den Teig mit einem Teigschaber in die vorbereitete Form füllen und gleichmäßig verteilen.

Das Backen von Biskuitteigen

Biskuitteige müssen sofort nach der Zubereitung gebacken werden, damit sie nicht wieder zusammenfallen und zwar nach den Angaben unter den Rezepten. Bevor das Gebäck aus dem Backofen genommen wird, muß auf alle Fälle geprüft werden, ob es gar ist. Dieses am besten durch leichtes Auflegen der flachen Hand feststellen. Der gare Biskuit darf sich nicht mehr feucht anfühlen und muß in der Krume weich und watteähnlich sein. Ein zu stark ausgebackener Biskuit ist trocken und fest.

Wenn der Biskuit etwas abgekühlt ist, ihn mit einem Messer vom Springformrand lösen und den Rand entfernen.

Damit das Gebäck besser ausdünsten kann, es auf einen Kuchenrost legen. Aus demselben Grund das Papier sofort danach vom Biskuitboden abziehen. (Soll der Biskuitboden nicht am gleichen Tag verwendet werden, das Papier bis zum Gebrauch des Bodens darauf lassen.)

Das Füllen von Torten

Den Biskuitboden so auf einen Bogen Papier legen, daß die Unterseite, die besonders schön glatt ist, nach oben kommt. Er kann mit einem Zwirnsfaden oder großen Messer in Schichten geteilt werden. Damit die Schichten gleichmäßig dick werden, den Tortenrand vorher mit einem kleinen, spitzen Messer ringsherum etwa 1 cm tief einschneiden.

Einen Zwirnsfaden in den Einschnitt legen, die Enden des Zwirnsfaden über Kreuz legen und fest anziehen, dabei durchschneidet der Faden das Gebäck.

Damit die Tortenschicht nicht bricht, sie mit einem Papier abheben. Dazu das Papier an der vorderen Kante nach unten knicken und unter die obere Schicht schieben. Mit den Zeigefingern ab und zu an die obere Schicht fassen, damit das Papier nachgezogen wird.

Die obere Schicht abheben.
Beim Abheben der Schicht muß darauf geachtet werden, daß das Papier möglichst waagerecht gehalten wird, da der Biskuitboden ansonsten leicht durchbrechen kann.

Soll der Biskuitboden mit einem Messer geteilt werden, am besten ein Messer nehmen, das länger ist als der Boden.

Zum Füllen eignet sich Buttercreme, zubereitet mit Pudding-Pulver oder Konfitüre (Marmelade). Bei Buttercremefüllung zur Abwechslung auch eine Schicht mit Konfitüre bestreichen. Dazu ein Messer, eine Teigkarte oder ein Pfannenmesser nehmen.

Mit Hilfe des Papiers die beiden Schichten wieder aufeinanderlegen. Hierbei ist wichtig, daß die Schichten „Kante auf Kante" gesetzt werden.

Die andere Schicht mit Buttercreme bestreichen und die dritte Schicht darauf legen.

Obere Seite und Rand der Torte mit Buttercreme bestreichen. Für das Verteilen der Creme am Rand am besten ein Tafelmesser nehmen.

Das Verzieren der gefüllten Torte

Den Rand der Torte mit Schokoladenstreuseln, abgezogenen, gehobelten Mandeln, gemahlenen Haselnußkernen oder gebräunten Haferflocken bestreuen. Dazu z.B. die Streusel ganz dicht an die Torte geben und sie am Rand mit einer Teigkarte oder einem Messer hoch schieben.

Bevor die Torte verziert wird, die Oberfläche mit einem Tortenteiler einteilen.

Beim Verzieren Spritzbeutel senkrecht halten. Mit der rechten Hand Beutel zuhalten, Creme (Sahne) herausdrücken. Die linke Hand führt den Beutel. Ihn nicht mit der ganzen Hand umfassen, sondern mit Daumen und Zeigefinger Tülle bzw. Tüllenansatz führen. Die Creme oder Sahne wird sonst durch Handwärme flüssig. Bei dieser Buttercreme-Torte als Randverzierung dicht aneinanderliegende Fragezeichen spritzen. Sobald eins gespritzt ist, den Weg etwas zurückgehen, dabei auf den unteren Boden noch einen zweiten spritzen, erst dann das nächste Fragezeichen spritzen. In die Mitte der Torte Ringe spritzen, mit Schokoladen-Dekor-Blättchen garnieren.

Für die Marzipanmasse 200 g Marzipan-Rohmasse mit 100 g Puderzucker verkneten. Die angewirkte Masse zwischen Frischhaltefolie ausrollen.

Den Boden einer Springform als Schablone für die Marzipandecke auf das ausgerollte Marzipan legen, mit einem Küchenrädchen bzw. Messer ausschneiden.

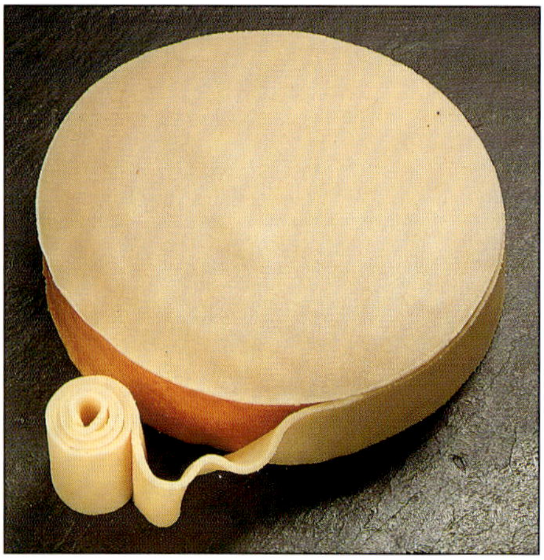

Marzipan für den Randstreifen ausrollen. Umfang und Höhe der Torte abmessen, Marzipanstreifen ausschneiden, aufrollen, Rolle an die Torte setzen, abrollen und leicht andrücken.

Erdbeertorte

Tortenrand mit Erdbeersahne gleichmäßig bestreichen, Sahnerest bergartig auf die Torte häufen, etwas glattstreichen. Mit Hilfe eines Teelöffels kleine Vertiefungen eindrücken. Mit Erdbeeren und gehackten Pistazien garnieren.

Exotic

Torte vollständig mit einem Teil der Sahne oder Creme bestreichen. Sahnerest in einen Spritzbeutel mit kleiner, glatter Tülle füllen. Die Tortenoberfläche ganz mit gleichmäßigen Tupfen verzieren. Mit zur Hälfte in Schokolade getauchten Früchten, z. B. Kapstachelbeeren, garnieren.

Bunte Torte

Torte mit farbigem Marzipanrand (siehe Seite 60) umlegen, den hoch stehenden Rand mit einer Schere einschneiden. Dosenfrüchte, frische Früchte oder Tiefkühlfrüchte pürieren (Konfitüre durch ein Sieb streichen), auf die Tortenoberfläche verteilen, mit einem Kochlöffelstiel durchziehen, so daß ein „Marmormuster" entsteht.
Nach Belieben mit einem Marzipanrest verzieren.

Das Überziehen von Torten mit Guß

Die Torte vor dem Auftragen des Gusses mit Konfitüre bestreichen, damit der Guß nicht einsickert. Dazu eine glatte, nicht stückige Konfitüre verwenden. (Stückige Konfitüre vorher durch ein Sieb streichen.)
Den Guß mitten auf die Torte gießen.

Ihn schnell mit einem großen Messer verstreichen, und zwar so, daß er an den Rändern herunterläuft. Das Messer dabei schräg halten und nur leicht aufdrücken. Wenn bei der Verteilung des Gusses die Richtung des Messers geändert werden muß, es nicht jedesmal aus dem Guß herausziehen, weil dadurch leicht Krümel vom Biskuitboden abgehoben werden und diese den Guß unansehnlich machen.
Der heruntergelaufene Guß wird am Tortenrand mit einem schräg gehaltenen Messer glatt- und hochgestrichen.

Es ist wichtig, daß die Torte so schnell wie möglich auf eine Tortenplatte (mit Hilfe eines großen Messers) umgesetzt wird. Dabei muß sie zuerst mit dem Messer von der Platte gelöst werden. Durch leichte Schrägstellung der Platte und Führung der Torte durch das Messer sollte sie vorsichtig auf die Tortenplatte gleiten.

Einzelne Arbeitsgänge zur Herstellung der Biskuitrolle

Das Backblech mit Back-Papier oder Pergamentpapier belegen. Dazu das Blech an etwa 3 Stellen mit streichfähiger Margarine oder Butter einfetten – am besten mit einem Pinsel –, das Papier darauf legen, gut andrücken, an der offenen Seite des Blechs so zu einer Falte knicken, daß ein Rand entsteht (damit der Teig nicht auslaufen kann).
Den Teig etwa 1 cm dick auf das vorbereitete Blech streichen.

Nach dem Backen den Biskuit sofort mit einem Messer von den Rändern des Blechs und von dem Papierrand lösen, mit Hilfe des anhaftenden Papiers hochheben, auf ein mit Zucker bestreutes Geschirrtuch stürzen.

Das Backpapier mit kaltem Wasser (mit einem Pinsel) bestreichen und es vorsichtig, aber schnell abziehen.

Den Biskuit sofort mit dem Geschirrtuch aufrollen und kalt stellen oder mit Konfitüre bestreichen. Es empfiehlt sich, die im Rezept angegebene Konfitürenmenge gleichmäßig mit einem Löffel auf der Biskuitplatte zu verteilen und sie dann schnell mit einer Teigkarte zu verstreichen.

Den Biskuit schnell aufrollen.
Dieser Arbeitsgang muß schnell erfolgen, denn – je abgekühlter die Biskuitplatte ist, desto schneller kann sie beim Aufrollen brechen. Als Hilfestellung kann das unter der Biskuitrolle liegende Geschirrtuch dienen, welches durch leichtes Anheben das Aufrollen der Platte erleichtert.

BISKUITTEIG (GRUNDREZEPT)

	Für einen Tortenboden
3 – 4 Eier	
3 – 4 EL heißes Wasser*	mit Handrührgerät mit Rührbesen auf höchster Stufe in 1 Minute schaumig schlagen
150 g Zucker	mit
1 Päckchen Vanillin-Zucker	mischen, in 1 Minute einstreuen, dann noch etwa 2 Minuten schlagen
100 g Weizenmehl	mit
100 g Speisestärke	
2 – 3 gestrichenen TL Backin (die kleinere Menge bei 4 Eiern)	mischen, die Hälfte davon auf die Eiercreme sieben, kurz auf niedrigster Stufe unterrühren den Rest des Mehl-Gemisches auf dieselbe Weise unterarbeiten den Teig in einer Springform (Ø 28 cm, Boden gefettet, mit Backpapier belegt), laut Anweisung backen.
	Für eine Biskuitrolle
3 Eier	
5-6 EL heißes Wasser*	mit Handrührgerät mit Rührbesen auf höchster Stufe in 1 Minute schaumig schlagen
150 g Zucker	mit
1 Päckchen Vanillin-Zucker	mischen, in 1 Minute einstreuen, dann noch etwa 2 Minuten schlagen
100 g Weizenmehl	mit
50 g Speisestärke	
1 gestrichenen TL Backin	mischen, die Hälfte davon auf die Eiercreme sieben, kurz auf niedrigster Stufe unterrühren den Rest des Mehl-Gemisches auf dieselbe Weise unterarbeiten den Teig etwa 1 cm dick auf ein gefettetes, mit Backpapier belegtes Backblech streichen, an der offenen Seite des Blechs das Papier unmittelbar vor dem Teig zur Falte knicken, so daß ein Rand entsteht laut Anweisung backen.

* Bei großen Eiern die kleinere Wassermenge, bei kleinen Eiern die größere nehmen.

Erdbeer-Sahne-Torte

(Foto Seite 50/51)

Für den Teig

2 Eier	
2–3 EL heißes Wasser*	mit Handrührgerät mit Rührbesen auf höchster Stufe in 1 Minute schaumig schlagen
100 g Zucker	mit
1 Päckchen Vanillin-Zucker	mischen, in 1 Minute einstreuen, dann noch etwa 2 Minuten schlagen
75 g Weizenmehl	mit
50 g Speisestärke Gustin	
1 gestrichenen TL Backin	mischen, die Hälfte davon auf die Eiercreme sieben, kurz auf niedrigster Stufe unterrühren den Rest des Mehl-Gemisches auf dieselbe Weise unterarbeiten den Teig in eine Springform (Ø 28 cm, Boden gefettet, mit Backpapier belegt) füllen
Strom	
Ober-/Unterhitze	170–200 °C (vorgeheizt)
Gas	Stufe 3–4 (nicht vorgeheizt)
Backzeit	20–30 Minuten den Tortenboden aus der Form lösen, stürzen, erkalten lassen.

Für die Füllung

	aus
1 Päckchen Soßen-Pulver Vanille-Geschmack	
25 g Zucker	
knapp 250 ml (¼ l) Milch	nach Anleitung auf dem Päckchen (aber nur mit knapp ¼ l Milch) einen Pudding zubereiten, kalt stellen, ab und zu durchrühren
500 g Erdbeeren	waschen, gut abtropfen lassen, entstielen, halbieren
2 schwach gehäufte TL Gelatine gemahlen, weiß	mit
3 EL kaltem Wasser	in einem kleinen Topf anrühren, 10 Minuten zum Quellen stehen lassen, unter Rühren erwärmen, bis sie gelöst ist

500 g (2 Becher) Schlagsahne	fast steif schlagen die lauwarme Gelatinelösung unter Schlagen hinzufügen, die Sahne vollkommen steif schlagen
40 g Puderzucker	sieben, mit
1 Päckchen Vanillin-Zucker	mischen, unterrühren den Tortenboden einmal durchschneiden, den unteren Boden mit dem Pudding bestreichen, mit den Erdbeeren belegen, drei Viertel der Sahne gleichmäßig darauf streichen, den oberen Boden darauf legen, gut andrücken Rand und Oberfläche der Torte gleichmäßig mit etwas von der zurückgelassenen Sahne bestreichen, die Torte mit der restlichen Sahne verzieren, mit
Erdbeeren gebräunten, abgezogenen, halbierten Mandeln	garnieren.

* Bei kleinen Eiern die größere Wassermenge, bei großen Eiern die kleinere nehmen.

BUTTERCREMETORTE

☆ **tiefkühlgeeignet** ☆

Für den Teig

3 – 4 Eier 2 – 4 EL heißes Wasser*	mit Handrührgerät mit Rührbesen auf höchster Stufe in 1 Minute schaumig schlagen
150 g Zucker	mit
1 Päckchen Vanillin-Zucker	mischen, in 1 Minute einstreuen, dann noch etwa 2 Minuten schlagen
100 g Weizenmehl	mit
100 g Speisestärke Gustin 2 – 3 gestrichenen TL Backin (die kleine Menge bei 4 Eiern)	mischen, die Hälfte davon auf die Eiercreme sieben, kurz auf niedrigster Stufe unterrühren

(Fortsetzung Seite 68)

den Rest des Mehl-Gemisches auf dieselbe Weise unterarbeiten
den Teig in eine Springform (Ø 28 cm, Boden gefettet, mit Backpapier belegt) füllen

Strom
Ober-/Unterhitze 170 – 200 °C (vorgeheizt)
Gas Stufe 3 – 4 (nicht vorgeheizt)
Backzeit 20 – 30 Minuten
den Tortenboden aus der Form lösen, stürzen, erkalten lassen.

Für die Schokoladen-Buttercreme
aus

1 Päckchen Feiner Schokoladen-Pudding
25 g Zucker
500 ml (½ l) Milch – nach Anleitung auf dem Päckchen (aber nur mit 25 g Zucker) einen Pudding zubereiten

100 g Zartbitter-Schokolade – in kleine Stücke brechen, in den heißen Pudding geben, so lange rühren, bis sie gelöst ist, den Pudding kalt stellen, ab und zu durchrühren

oder

Für die helle Buttercreme
aus

1 Päckchen Pudding-Pulver Vanille-, Mandel-, Sahne- oder Karamel-Geschmack
75 – 100 g Zucker
500 ml (½ l) Milch – nach Anleitung auf dem Päckchen (aber mit 75 – 100 g Zucker) einen Pudding zubereiten, kalt stellen, ab und zu durchrühren

oder

Für die Mokka-Buttercreme

	aus
1 Päckchen Feiner Schokoladen-Pudding 75 – 100 g Zucker 1 EL Instant-Kaffee 500 ml (½ l) Milch	nach Anleitung auf dem Päckchen (aber mit 75 – 100 g Zucker) einen Pudding zubereiten, kalt stellen, ab und zu durchrühren
250 g Butter	geschmeidig rühren, den erkalteten Pudding eßlöffelweise darunter geben (darauf achten, daß weder Butter noch Pudding zu kalt sind, da dann die sogenannte Gerinnung eintritt) den Tortenboden zweimal durchschneiden, den unteren Boden mit gut einem Viertel der Buttercreme bestreichen (nach Belieben den Boden zunächst mit 2 – 3 EL Konfitüre bestreichen) den zweiten Boden darauf legen, mit knapp der Hälfte der restlichen Creme bestreichen, mit dem dritten Boden bedecken Rand und Oberfläche der Torte dünn und gleichmäßig mit etwas von der zurückgelassenen Creme bestreichen, den Rand der Torte mit
Schokoladen-Streuseln oder abgezogenen, gehobelten, gebräunten Mandeln	bestreuen, die Torte mit der restlichen Creme verzieren, nach Belieben garnieren.

* Bei kleinen Eiern die größere Wassermenge, bei großen Eiern die kleinere nehmen.

ZUGER KIRSCHTORTE

☆ **tiefkühlgeeignet** ☆

	Für den Teig
4 Eigelb	
1 Eiweiß	
2 – 3 EL heißes Wasser*	mit Handrührgerät mit Rührbesen auf höchster Stufe in 1 Minute schaumig schlagen
100 g Zucker	mit
1 Päckchen Vanillin-Zucker	mischen, in 1 Minute einstreuen, dann noch etwa 2 Minuten schlagen
75 g Weizenmehl	mit
50 g Speisestärke	
1 gestrichenen TL Backin	mischen, die Hälfte davon auf die Eiercreme sieben, kurz auf niedrigster Stufe unterrühren den Rest des Mehl-Gemisches auf dieselbe Weise unterarbeiten den Teig in eine Springform (Ø 28 cm, Boden gefettet, mit Backpapier belegt) füllen
Strom	
Ober-/Unterhitze	170 – 200 °C (vorgeheizt)
Gas	Stufe 3 – 4 (nicht vorgeheizt)
Backzeit	25 – 30 Minuten den Tortenboden aus der Form lösen, stürzen, erkalten lassen.
	Für die Baisermasse
3 Eiweiß	steif schlagen, nach und nach eßlöffelweise
150 g Zucker	
1 Päckchen Vanillin-Zucker	unterschlagen
100 g abgezogene, gemahlene Mandeln	vorsichtig unterheben aus der Masse zwei Baiserböden herstellen dazu jeweils die Hälfte der Baisermasse in eine Springform (Ø 28 cm, Boden gefettet, mit Backpapier belegt) geben, glattstreichen
Strom	
Ober-/Unterhitze	100 – 110 °C (vorgeheizt)
Heißluft	100 – 110 °C (nicht vorgeheizt)

(Fortsetzung Seite 72)

Gas Stufe 1, nach 30 – 40 Minuten Ofen ausschalten, Böden noch etwa 20 Minuten im Ofen stehen lassen

Backzeit etwa 1 ½ Stunden

sobald die Böden gebacken sind, das Papier mit Wasser bestreichen, abziehen, die Baiserböden in gut schließendem Gefäß (evtl. auch in Alufolie gewickelt) aufbewahren, damit sie nicht weich werden.

Für die Buttercreme

aus

1 Päckchen Pudding-Pulver Himbeer-Geschmack
75 – 100 g Zucker
500 ml (½ l) Milch – nach Anleitung auf dem Päckchen (aber mit 75 – 100 g Zucker) einen Pudding zubereiten, kalt stellen, ab und zu durchrühren

250 g Butter – geschmeidig rühren, den Pudding eßlöffelweise darunter geben (darauf achten, daß weder Butter noch Pudding zu kalt sind, da dann die sogenannte Gerinnung eintritt).

Zum Tränken des Biskuitbodens

6 EL Wasser – mit
60 g Zucker – aufkochen, erkalten lassen
6 EL Kirschwasser – hinzufügen

einen der Baiserböden mit einem Viertel der Buttercreme bestreichen, den Biskuitboden darauf legen, mit dem Kirschwasser beträufeln, mit knapp der Hälfte der restlichen Buttercreme bestreichen, den zweiten Baiserboden darauf legen, gut andrücken, Rand und Oberfläche der Torte mit der restlichen Creme gleichmäßig bestreichen

50 g abgezogene, gehobelte Mandeln – auf einem Backblech im Backofen unter Wenden leicht gelblich rösten, erkalten lassen, den Rand der Torte damit bestreuen

ein Messer in heißes Wasser tauchen, ein Gittermuster auf der Torte ziehen, kurz vor dem Servieren mit

25 g Puderzucker – bestäuben.

Tip Die Torte läßt sich gut schneiden, wenn sie einen Tag vor dem Verzehr gefüllt wird.

* Bei kleinen Eiern die größere Wassermenge, bei großen Eiern die kleinere nehmen.

SCHOKOLADEN-SAHNE-TORTE

☆ für Gäste ☆

	Für den Teig
2 Eier	
2 – 3 EL heißes Wasser*	mit Handrührgerät mit Rührbesen auf höchster Stufe in 1 Minute schaumig schlagen
100 g Zucker	mit
1 Päckchen Vanillin-Zucker	mischen, in 1 Minute einstreuen, dann noch etwa 2 Minuten schlagen
75 g Weizenmehl	mit
50 g Speisestärke	
1 gestrichenen TL Backin	mischen, die Hälfte davon auf die Eiercreme sieben, kurz auf niedrigster Stufe unterrühren, den Rest des Mehl-Gemisches auf dieselbe Weise unterarbeiten den Teig in eine Springform (Ø 28 cm, Boden gefettet, mit Backpapier belegt) füllen
Strom	
Ober-/Unterhitze	170 – 200 °C (vorgeheizt)
Gas	Stufe 3 – 4 (nicht vorgeheizt)
Backzeit	20 – 30 Minuten den Tortenboden aus der Form lösen, stürzen, erkalten lassen.
	Für die Füllung
750 g (3 Becher)	
Schlagsahne	erhitzen, von der Kochstelle nehmen
75 g Vollmilch-Kuvertüre	
75 g Halbbitter-Kuvertüre	kleinhacken, in der Sahne auflösen, kalt stellen (am besten über Nacht) die Sahne mit
2 Päckchen Sahnesteif	steif schlagen den Tortenboden einmal durchschneiden, den unteren Boden mit gut zwei Dritteln der Füllung bestreichen, den oberen darauf legen, gut andrücken Rand und Oberfläche der Torte mit etwas von der zurückgelassenen Sahne bestreichen, den Rand mit
25 g geraspelter	
Schokolade	bestreuen, die Torte mit der restlichen Sahne verzieren, mit
Schokoladen-Täfelchen	garnieren.

* Bei kleinen Eiern die größere Wassermenge,
bei großen Eiern die kleinere nehmen.

BISKUITROLLE

☆ schnell ☆

3 Eier	
5 – 6 EL heißes Wasser*	mit Handrührgerät mit Rührbesen auf höchster Stufe in 1 Minute schaumig schlagen
150 g Zucker	mit
1 Päckchen Vanillin-Zucker	mischen, in 1 Minute einstreuen, dann noch etwa 2 Minuten schlagen
100 g Weizenmehl	mit
50 g Speisestärke	
1 gestrichenen TL Backin	mischen, die Hälfte davon auf die Eiercreme sieben, kurz auf niedrigster Stufe unterrühren den Rest des Mehl-Gemisches auf dieselbe Weise unterarbeiten den Teig etwa 1 cm dick auf ein gefettetes, mit Backpapier belegtes Backblech streichen, an der offenen Seite des Blechs das Papier unmittelbar vor dem Teig zur Falte knicken, so daß ein Rand entsteht (Foto 1)
Strom	
Ober-/Unterhitze	200 – 220 °C (vorgeheizt)
Gas	Stufe 3 – 4 (vorgeheizt)
Backzeit	10 – 15 Minuten
	den Biskuit sofort nach dem Backen auf ein mit
Zucker	bestreutes Geschirrtuch stürzen, das Backpapier mit kaltem Wasser bestreichen, vorsichtig, aber schnell abziehen
	den Biskuit sofort gleichmäßig mit
250 – 375 g Konfitüre	bestreichen (Foto 2), von der kürzeren Seite her aufrollen (Foto 3), die Rolle mit
Puderzucker	bestäuben.

* Bei kleinen Eiern die größere Wassermenge, bei großen Eiern die kleinere nehmen.

ZITRONEN-SAHNE-ROLLE

☆ **tiefkühlgeeignet** ☆

	Für den Teig
4 Eier	
3 – 4 EL heißes Wasser*	mit Handrührgerät mit Rührbesen auf höchster Stufe in 1 Minute schaumig schlagen
125 g Zucker	mit
1 Päckchen Vanillin-Zucker	mischen, in 1 Minute einstreuen, dann noch etwa 2 Minuten schlagen
75 g Weizenmehl	mit
50 g Speisestärke Gustin	
1 Messerspitze Backin	mischen, die Hälfte davon auf die Eiercreme sieben, kurz auf niedrigster Stufe unterrühren den Rest des Mehl-Gemisches auf dieselbe Weise unterarbeiten den Teig etwa 1 cm dick auf ein gefettetes, mit Backpapier belegtes Backblech streichen, an der offenen Seite des Blechs das Papier unmittelbar vor dem Teig zur Falte knicken, so daß ein Rand entsteht
Strom	
Ober-/Unterhitze	200 – 220 °C (vorgeheizt)
Gas	Stufe 3 – 4 (vorgeheizt)
Backzeit	10 – 15 Minuten
Zucker	den Biskuit nach dem Backen sofort auf ein mit bestreutes Geschirrtuch stürzen, das Backpapier mit kaltem Wasser bestreichen, vorsichtig, aber schnell abziehen den Biskuit mit dem Geschirrtuch aufrollen, kalt stellen.
	Für die Füllung
2 gestrichene TL Gelatine gemahlen, weiß	mit
2 EL kaltem Wasser	in einem kleinen Topf anrühren, 10 Minuten zum Quellen stehen lassen mit den Ecken von
3 Stück Würfelzucker	die
Schale von ½ Zitrone (unbehandelt)	abreiben, die gequollene Gelatine mit dem Würfelzucker unter Rühren erwärmen, bis alles gelöst ist

5 EL Zitronensaft	hinzufügen
500 g (2 Becher) Schlagsahne	fast steif schlagen, die lauwarme Gelatinelösung unter Schlagen hinzufügen, die Sahne vollkommen steif schlagen
100 g Puderzucker	sieben, unterrühren
	die ausgekühlte Rolle vorsichtig auseinanderrollen, mit zwei Drittel der Zitronen-Sahne bestreichen, aufrollen, dabei die äußere braune Haut entfernen
	die Rolle zunächst dünn mit etwas Sahne, dann mit der restlichen Sahne bestreichen
	die Rolle durch wellenförmige Längsstriche mit Hilfe einer Gabel verzieren.

* Bei kleinen Eiern die größere Wassermenge,
bei großen Eiern die kleinere nehmen.

WEISSWEINRÖLLCHEN

Für den Teig

3 Eier	
1 Eigelb	mit Handrührgerät mit Rührbesen auf höchster Stufe in 1 Minute schaumig schlagen
50 g Zucker	mit
1 Päckchen Vanillin-Zucker	mischen, in 1 Minute einstreuen, dann noch etwa 2 Minuten schlagen
60 g Weizenmehl	
1 Messerspitze Backin	mischen, auf die Eiercreme sieben, kurz auf niedrigster Stufe unterrühren
	den Teig etwa 1 cm dick auf ein gefettetes, mit Backpapier belegtes Backblech streichen, an der offenen Seite des Blechs das Papier unmittelbar vor dem Teig zur Falte knicken, so daß ein Rand entsteht
Strom	
Ober-/Unterhitze	200 – 220 °C (vorgeheizt)
Gas	Stufe 3 – 4 (vorgeheizt)
Backzeit	8 – 10 Minuten

(Fortsetzung Seite 78)

	den Biskuit sofort nach dem Backen auf ein mit
Zucker	bestreutes Geschirrtuch stürzen, das Backpapier mit kaltem Wasser bestreichen, vorsichtig, aber schnell abziehen
	den Biskuit mit dem Geschirrtuch von der längeren Seite her aufrollen, kalt stellen.
	Für die Füllung
1 Packung Weißwein-Creme	nach Anleitung - aber ohne Wasser - zubereiten
	die ausgekühlte Rolle vorsichtig auseinanderrollen, der Länge nach halbieren, mit Creme bestreichen (an den Längsseiten jeweils 2 cm frei lassen), jede Hälfte zu einer Rolle formen, gut verpackt 2 Stunden in das Gefrierfach legen.
	Für den Guß
200 g Schokolade	mit
etwas Kokosfett	in einem kleinen Topf im Wasserbad bei schwacher Hitze zu einer geschmeidigen Masse verrühren
	die Rollen in Scheiben schneiden, bis zur Hälfte in Guß tauchen oder damit bestreichen.

MÖHREN-NUSS-TORTE

	Für den Teig
6 Eier	
3 EL Zitronensaft	mit Handrührgerät mit Rührbesen auf höchster Stufe in 1 Minute schaumig schlagen
300 g Zucker	mit
1 Päckchen Vanillin-Zucker	mischen, in 1 Minute einstreuen, dann noch etwa 2 Minuten schlagen
100 g Weizenmehl	mit
1 Messerspitze Backin	mischen, die Hälfte davon auf die Eiercreme sieben, kurz auf niedrigster Stufe unterrühren
	den Rest des Mehl-Gemisches auf dieselbe Weise unter-arbeiten

(Fortsetzung Seite 80)

BISKUITTEIG

etwas abgeriebene Zitronenschale (unbehandelt)	
600 g geschälte, feingeraspelte Möhren	
100 g gemahlene Haselnußkerne	
300 g gehackte Haselnußkerne	unterheben
	den Teig in eine Springform (Ø 28 cm, Boden gefettet, mit Backpapier belegt) füllen
Strom	
Ober-/Unterhitze	170 – 200 °C (vorgeheizt)
Heißluft	etwa 150 °C (nicht vorgeheizt)
Gas	Stufe 3 – 4 (nicht vorgeheizt)
Backzeit	etwa 1 Stunde
	den Tortenboden aus der Form lösen, stürzen, erkalten lassen.
	Zum Aprikotieren
100 g Aprikosen-Konfitüre (durch ein Sieb gestrichen)	
gut 3 EL Wasser	unter Rühren etwas einkochen lassen, die Torte damit bestreichen.
	Für die Marzipandecke
200 g Marzipan-Rohmasse	mit
50 g gesiebtem Puderzucker	verkneten, dünn auf
gesiebtem Puderzucker	ausrollen, daraus 1 Platte für die Oberfläche und einen Streifen in Höhe des Tortenrandes schneiden, die Torte damit be- und umlegen.
	Für den Guß
250 g Puderzucker	sieben, mit
etwa 4 EL Zitronensaft	zu einer dickflüssigen Masse verrühren, die Torte damit überziehen, nach Belieben mit
Marzipan-Möhren	garnieren.
Beigabe	Schwach gesüßte, steifgeschlagene Schlagsahne.
Tip	Das Gebäck kann anstelle des Puderzuckergusses mit Schokoladenguß überzogen werden.

BLITZ-KÄSETORTE

☆ **einfach** ☆

	Für den Boden
150 g Löffelbiskuits	in eine Plastiktüte geben, die Tüte verschließen, die Löffelbiskuits mit einem Teigroller zerdrücken, in eine Schüssel geben
120 g Margarine oder Butter	zerlassen, zu den Löffelbiskuits geben, gut verrühren die Masse gleichmäßig auf den Boden einer Springform (Ø 26 cm, Boden gefettet) verteilen, gut andrücken.
	Für die Füllung
1 Päckchen Götterspeise Zitronen-Geschmack (1 Beutel)	mit
200 ml Wasser	anrühren, 10 Minuten zum Quellen stehen lassen, unter Rühren erhitzen, bis die Götterspeise gelöst ist, etwas abkühlen lassen
200 g Doppelrahm-Frischkäse	mit
125 g Zucker 1 Päckchen Vanillin-Zucker 2 EL Zitronensaft	verrühren, die lauwarme Götterspeise unterrühren wenn die Masse anfängt dicklich zu werden,
500 g (2 Becher) steifgeschlagene Schlagsahne	unterheben, die Käsemasse auf dem Boden verteilen, glattstreichen.
	Für den Belag
30 g Löffelbiskuits	zerkrümeln, auf die Käsemasse streuen, die Torte bis zum Verzehr kalt stellen.
Tip	Tortenring auf eine Tortenplatte stellen, die Masse für den Boden hineingeben, gut andrücken.

Ananas-Mascarpone-Torte

	Für den Teig
3 Eier	
3 EL heißes Wasser	mit Handrührgerät mit Rührbesen auf höchster Stufe in 1 Minute schaumig schlagen
150 g Zucker	mit
1 Päckchen Vanillin-Zucker	mischen, in 1 Minute einstreuen, dann noch etwa 2 Minuten schlagen
100 g Weizenmehl	mit
100 g Speisestärke Gustin	
3 gestrichenen TL Backin	mischen, die Hälfte davon auf die Eiercreme sieben, kurz auf niedrigster Stufe unterrühren, den Rest des Mehl-Gemisches auf dieselbe Weise unterarbeiten den Teig in eine Springform (Ø 28 cm, Boden gefettet, mit Backpapier belegt) füllen
Strom	
Ober-/Unterhitze	170 – 200 °C (vorgeheizt)
Gas	Stufe 3 – 4 (nicht vorgeheizt)
Backzeit	etwa 30 Minuten den Tortenboden aus der Form lösen, stürzen, erkalten lassen.
	Für die Füllung
260 g geraspelte Ananas (aus der Dose)	auf einem Sieb gut abtropfen lassen, den Saft auffangen
100 ml Ananassaft	mit
100 ml weißem Portwein	mischen
1 Päckchen Gelatine gemahlen, weiß	mit 4 Eßlöffeln von dieser Flüssigkeit in einem kleinen Topf anrühren, 10 Minuten quellen lassen, auflösen
500 g Mascarpone (italienischer Frischkäse, direkt aus dem Kühlschrank verwenden)	mit der übrigen
Ananasflüssigkeit	

30 g Zucker 2 Päckchen Vanillin-Zucker	glattrühren
300 g Schlagsahne	fast steif schlagen, die lauwarme Gelatinelösung unterrühren, die Sahne vollkommen steif schlagen Sahne und geraspelte Ananas unter die Mascarponecreme heben den Tortenboden zweimal durchschneiden, den unteren Boden auf eine Tortenplatte legen, einen Tortenring darum stellen zunächst ein Drittel der Füllung auf den unteren Boden streichen, mit dem mittleren Boden bedecken, mit der Hälfte der restlichen Füllung bestreichen, mit dem oberen Boden bedecken, leicht andrücken, die restliche Füllung auf den oberen Boden geben, glattstreichen die Torte etwa 1½ Stunden kalt stellen.
	Für den Belag
4 Scheiben Ananas (140 g, aus der Dose)	gut abtropfen lassen, so halbieren, daß 8 dünne Scheiben entstehen
25 g Pistazienkerne	mit
15 g Puderzucker	mahlen, die Ananasscheiben mit den Rändern darin drehen den Tortenring mit Hilfe eines feuchten Messers von der Torte lösen den Tortenrand mit
100 g steifgeschlagener Schlagsahne	bestreichen, am unteren Rand mit den restlichen gemahlenen Pistazien bestreuen die Torte mit den Ananasscheiben belegen.

SCHWARZWÄLDER KIRSCHTORTE ☆ **tiefkühlgeeignet** ☆

	Für den Knetteig
125 g Weizenmehl	mit
10 g Kakaopulver	
1 Messerspitze Backin	mischen, in eine Rührschüssel sieben
50 g Zucker	
1 Päckchen Vanillin-Zucker	
100 g Margarine, z.B. Sanella, oder Butter	hinzufügen
	die Zutaten mit Handrührgerät mit Knethaken zunächst kurz auf niedrigster, dann auf höchster Stufe gut durcharbeiten, anschließend auf der Arbeitsfläche zu einem glatten Teig verkneten, sollte er kleben, ihn eine Zeitlang kalt stellen
	den Teig auf dem gefetteten Boden einer Springform (Ø 28 cm) ausrollen, mehrmals mit einer Gabel einstechen, den Springformrand darum geben
Strom	
Ober-/Unterhitze	200 – 220 °C (vorgeheizt)
Heißluft	etwa 170 °C (nicht vorgeheizt)
Gas	Stufe 3 – 4 (vorgeheizt)
Backzeit	etwa 15 Minuten
	sofort nach dem Backen den Tortenboden vom Springformboden lösen, darauf erkalten lassen, dann auf eine Tortenplatte legen.

(Fortsetzung Seite 86)

BISKUITTEIG

	Für den Biskuitteig
4 Eier	
2 EL heißes Wasser	mit Handrührgerät mit Rührbesen auf höchster Stufe in 1 Minute schaumig schlagen
100 g Zucker	mit
1 Päckchen Vanillin-Zucker	mischen, in 1 Minute einstreuen, dann noch etwa 2 Minuten schlagen
75 g Weizenmehl	mit
30 g Speisestärke Gustin	
10 g Kakaopulver	
gut 1 Messerspitze gemahlenem Zimt	
½ gestrichenen TL Backin	mischen, die Hälfte davon auf die Eiercreme sieben, kurz auf niedrigster Stufe unterrühren den Rest des Mehl-Gemisches auf dieselbe Weise unterarbeiten den Teig in eine Springform (Ø 28 cm, Boden gefettet, mit Backpapier belegt) füllen.
Strom	
Ober-/Unterhitze	170 – 200 °C (vorgeheizt)
Gas	Stufe 3 – 4 (nicht vorgeheizt)
Backzeit	25 – 30 Minuten den Tortenboden aus der Form lösen, stürzen, erkalten lassen.
	Für die Füllung
etwa 720 g entsteinte Sauerkirschen (aus dem Glas)	abtropfen lassen (den Saft auffangen) oder
750 g Sauerkirschen	waschen, entsteinen, mit
75 g Zucker	mischen, kurze Zeit zum Saftziehen stehen lassen, zum Kochen bringen, abtropfen (den Saft auffangen) und erkalten lassen, 250 ml (¼ l) von dem Saft abmessen (evtl. mit Wasser ergänzen)
30 g Speisestärke Gustin	mit 4 Eßlöffeln von dem Saft anrühren, den übrigen Saft zum Kochen bringen, die Speisestärke unter Rühren in den von der Kochstelle genommenen Saft geben, kurz aufkochen lassen, die Kirschen unterrühren, die Masse kalt stellen, mit
etwa 25 g Zucker	
etwa 3 EL Kirschwasser	abschmecken
1 Päckchen Gelatine gemahlen, weiß	mit
5 EL kaltem Wasser	in einem kleinen Topf anrühren, 10 Minuten zum Quellen stehen lassen, unter Rühren erwärmen, bis sie gelöst ist

750 g (3 Becher) Schlagsahne	fast steif schlagen, die lauwarme Gelatinelösung unter Schlagen hinzufügen, die Sahne vollkommen steif schlagen
40 g Puderzucker	sieben, mit
1 Päckchen Vanillin-Zucker	mischen, unterrühren
	zunächst die Hälfte der Kirschcreme, dann ein Drittel der Sahne auf den Knetteigboden streichen (Foto 1)
	den Biskuitboden einmal durchschneiden, den unteren Boden auf die Sahne legen (Foto 2), gut andrücken, mit der restlichen Kirschcreme, dann mit der Hälfte der restlichen Sahne bestreichen, mit dem oberen Boden bedecken
	den Rand und die Oberfläche gleichmäßig mit der restlichen Sahne bestreichen, die Torte mit
geschabter Schokolade Schlagsahne Kirschen	verzieren (Foto 3).

JOHANNISBEER-BAISER-TORTE

	Für den Knetteig
150 g Weizenmehl	in eine Rührschüssel sieben
40 g Zucker 1 Päckchen Vanillin-Zucker 2 Eigelb 75 g Margarine oder Butter	hinzufügen
	die Zutaten mit Handrührgerät mit Knethaken zunächst kurz auf niedrigster, dann auf höchster Stufe gut durcharbeiten, anschließend auf der Arbeitsfläche zu einem glatten Teig verkneten, sollte er kleben, ihn eine Zeitlang kalt stellen
	den Teig auf dem gefetteten Boden einer Springform (Ø 28 cm) ausrollen, mehrmals mit einer Gabel einstechen, den Springformrand darumlegen
Strom	
Ober-/Unterhitze	200 – 220 °C (vorgeheizt)
Heißluft	etwa 170 °C (nicht vorgeheizt)
Gas	Stufe 3 – 4 (nicht vorgeheizt)
Backzeit	etwa 15 Minuten
	den Tortenboden sofort nach dem Backen vom Springformboden lösen, darauf erkalten lassen.

(Fortsetzung Seite 88)

BISKUITTEIG

	Für den Mandel-Biskuitteig
2 Eier	
1 Eigelb	mit Handrührgerät mit Rührbesen auf höchster Stufe in 1 Minute schaumig schlagen
50 g Zucker	
1 Päckchen Vanillin-Zucker	in 1 Minute einstreuen, dann noch etwa 2 Minuten schlagen
30 g Weizenmehl	auf die Eiercreme sieben, mit
20 g abgezogenen, gemahlenen Mandeln	unterheben, den Teig in eine Springform (Ø 28 cm, Boden gefettet, mit Backpapier belegt) füllen, glattstreichen
Strom	
Ober-/Unterhitze	170 – 200 °C (vorgeheizt)
Heißluft	160 – 170 °C (nicht vorgeheizt)
Gas	Stufe 3 – 4 (nicht vorgeheizt)
Backzeit	etwa 15 Minuten sofort nach dem Backen den Tortenboden aus der Form lösen, auf einen Kuchenrost stürzen, das Backpapier abziehen, den Boden erkalten lassen.
	Für den Belag
850 g vorbereitete Johannisbeeren	mit
175 g Zucker	bestreuen, zum Saftziehen stehen lassen, gut abtropfen lassen, von dem Saft 150 ml abmessen, mit
50 ml Wasser	auf 200 ml ergänzen, zum Kochen bringen
50 g Speisestärke Gustin	mit
5 EL kaltem Wasser	anrühren, die Flüssigkeit damit binden, die Johannisbeeren vorsichtig unterheben, den Knetteigboden auf ein mit Backpapier belegtes Backblech legen, mit
2 EL Johannisbeer-Gelee	bestreichen, den Biskuitboden darauf legen, mit der Johannisbeermasse bestreichen (1 – 2 cm am Rand frei lassen).
	Für die Baisermasse
3 Eiweiß	steif schlagen, es muß ein Messerschnitt sichtbar sein, nach und nach
150 g Zucker	unterschlagen, den Tortenrand mit etwa einem Drittel der Baisermasse bestreichen, die restliche Masse in einen Spritzbeutel mit Lochtülle füllen, die Torte damit verzieren
Strom	
Ober-/Unterhitze	Vorheizen 100 °C, 20 Minuten backen, dann umschalten auf 220 °C, noch 5 Minuten innerhalb dieser Aufheizzeit backen
Gas	20 Minuten Stufe 1, 5 Minuten Stufe 4
Backzeit	etwa 25 Minuten.

BUCHWEIZENTORTE

Vollwert

	Für den Teig
6 Eier	
2 EL heißes Wasser	mit Handrührgerät mit Rührbesen auf höchster Stufe in 1 Minute schaumig schlagen
125 g Honig	
abgeriebene Schale	
½ Zitrone (unbehandelt)	in etwa 2 Minuten unterschlagen, ein Drittel von
175 g Buchweizen,	
feingemahlen	auf die Eiercreme geben, kurz auf niedrigster Stufe unterrühren, den Rest des Buchweizenmehls auf dieselbe Weise unterarbeiten, den Teig in eine Springform (Ø 28 cm, Boden gefettet, mit Backpapier belegt) füllen, glattstreichen
Strom	
Ober-/Unterhitze	170 – 200 °C (vorgeheizt)
Gas	Stufe 3 – 4 (nicht vorgeheizt)
Backzeit	30 – 35 Minuten
	den Tortenboden aus der Form lösen, stürzen, erkalten lassen.
	Für die Füllung
1 Päckchen Gelatine	
gemahlen, weiß	mit
4 EL kaltem Wasser	in einem kleinen Topf anrühren, 10 Minuten zum Quellen stehen lassen, unter Rühren erwärmen, bis sie gelöst ist
2 – 3 EL Zitronensaft	unterrühren
750 g (3 Becher)	
Schlagsahne	fast steif schlagen, die lauwarme Gelatinelösung,
6 EL Ahornsirup	unterschlagen, die Sahne vollkommen steif schlagen ein Viertel der Sahne in einen Spritzbeutel mit Sterntülle füllen den Tortenboden zweimal durchschneiden den unteren Boden mit der Hälfte von
350 g Pflaumenmus	bestreichen, ein Drittel der restlichen Sahne darauf streichen, mit dem zweiten Boden bedecken, etwas andrücken, mit dem restlichen Pflaumenmus (1 Eßlöffel zum Garnieren zurückbehalten) bestreichen die Hälfte der restlichen Sahne darauf streichen, den dritten Boden darauf legen, etwas andrücken, Rand und Oberfläche der Torte mit der restlichen Sahne bestreichen, die Torte mit der Sahne aus dem Spritzbeutel verzieren, kurz vor dem Servieren mit dem zurückgelassenen Pflaumenmus,
gehackten Pistazien	garnieren.

MOKKA-SAHNE-TORTE

einfach

	Für den Teig
2 Eier	
2 – 3 EL heißes Wasser*	mit Handrührgerät mit Rührbesen auf höchster Stufe in 1 Minute schaumig schlagen
100 g Zucker	mit
1 Päckchen	
Vanillin-Zucker	mischen, in 1 Minute einstreuen, dann noch etwa 2 Minuten schlagen
75 g Weizenmehl	mit
50 g Speisestärke	
1 gestrichenen TL Backin	mischen, die Hälfte davon auf die Eiercreme sieben, kurz auf niedrigster Stufe unterrühren, den Rest des Mehl-Gemisches auf dieselbe Weise unterarbeiten den Teig in eine Springform (Ø 28 cm, Boden gefettet, mit Backpapier belegt) füllen
Strom	
Ober-/Unterhitze	170 – 200 °C (vorgeheizt)
Gas	Stufe 3 – 4 (nicht vorgeheizt)
Backzeit	20 – 30 Minuten den Tortenboden aus der Form lösen, erkalten lassen.
	Für die Füllung
3 schwach gehäufte TL	
Instant-Kaffee	in
150 ml Wasser	auflösen
750 g (3 Becher)	
Schlagsahne	
1 Päckchen	
Sahnetorten-Hilfe	und die Kaffeelösung nach Anleitung zubereiten den Tortenboden einmal durchschneiden, den unteren Boden mit
gut 1 EL Orangen-	
Likör	beträufeln, mit
2 EL Aprikosen-	
Konfitüre	bestreichen, zwei Drittel der Sahnemasse bergartig darauf streichen den oberen Boden in 8 Tortenstücke schneiden, auf die Sahnemasse legen, gut andrücken

(Fortsetzung Seite 92)

	Torte mit restlicher Sahnemasse bergartig bestreichen, mit Hilfe eines Eßlöffels Vertiefungen eindrücken, kalt stellen.
	Zum Garnieren
50 g Halbbitter-Kuvertüre	im Wasserbad auflösen, Motive auf Backpapier spritzen, fest werden lassen, die Torte mit Motiven,
evtl. Mokkabohnen Zitronenmelisseblättchen	garnieren, in 16 Stücke schneiden.
	* Bei kleinen Eiern die größere Wassermenge, bei großen Eiern die kleinere nehmen.

CANACHETORTE

	Für den Teig
4 Eier 4 – 5 EL heißes Wasser*	mit Handrührgerät mit Rührbesen auf höchster Stufe in 1 Minute schaumig schlagen
150 g Zucker	mit
1 Päckchen Vanillin-Zucker	mischen, in 1 Minute einstreuen, dann noch etwa 2 Minuten schlagen
150 g Weizenmehl	mit
1 gestrichenen TL Backin	mischen, die Hälfte davon auf die Eiercreme sieben, kurz auf niedrigster Stufe unterrühren den Rest des Mehl-Gemisches auf dieselbe Weise unterarbeiten, zuletzt
100 g abgezogene, gemahlene Mandeln	unterrühren den Teig in eine Springform (Ø 28 cm, Boden gefettet, mit Backpapier belegt) füllen
Strom Ober-/Unterhitze	170 – 200 °C (vorgeheizt)
Gas	Stufe 3 – 4 (nicht vorgeheizt)
Backzeit	etwa 30 Minuten den Tortenboden aus der Form lösen, stürzen, erkalten lassen.

	Für die helle Canache
200 g weiße Kuvertüre	kleinhacken
100 g Schlagsahne	aufkochen, von der Kochstelle nehmen, die Kuvertüre unterrühren, so lange rühren, bis sie geschmolzen ist, dann
100 g Butter	unterrühren, die Masse mit
2 – 3 EL Kirschwasser	abschmecken, so lange mit Handrührgerät mit Rührbesen schlagen, bis eine cremige Masse entstanden ist, kalt stellen.
	Für die dunkle Canache
400 g Halbbitter-Kuvertüre	
200 g Schlagsahne	
2 – 3 EL Weinbrand	ebenso wie die helle Canache zubereiten (aber ohne Butter)
100 g Aprikosen-Konfitüre	durch ein Sieb streichen, mit
1 EL Wasser	unter Rühren etwas einkochen lassen den Tortenboden zweimal durchschneiden den unteren Boden mit der Aprikosen-Konfitüre bestreichen, darauf die Hälfte der dunklen Canache streichen, mit dem mittleren Boden bedecken, gut andrücken
100 g Waldbeer-Konfitüre	durch ein Sieb streichen, mit
1 EL Wasser	unter Rühren etwas einkochen lassen, den mittleren Boden damit bestreichen, darauf zwei Drittel der hellen Canache streichen, mit dem oberen Boden bedecken, andrücken Rand und Oberfläche der Torte mit der restlichen dunklen Canache bestreichen die Torte kalt stellen, damit die Canache fest wird die restliche helle Canache nochmals etwas erwärmen, aufschlagen, den Rand der Torte damit bestreichen, mit
10 g gemahlenen Pistazienkernen	bestreuen.
	Zum Garnieren
75 g weiße Kuvertüre	in einem kleinen Topf im Wasserbad bei schwacher Hitze geschmeidig rühren, unter zwei Drittel der Kuvertüre
30 g abgezogene, gehackte, leicht geröstete Mandeln	rühren, auf Backpapier streichen, fest werden lassen, in unterschiedlich große Dreiecke schneiden, auf eine Tortenhälfte legen, die andere Hälfte mit der übrigen Kuvertüre besprenkeln.

* Bei kleinen Eiern die größere Wassermenge, bei großen Eiern die kleinere nehmen.

PETITS FOURS

	Für den Teig
100 g Marzipan-Rohmasse	
60 g Zucker	
1 Päckchen Vanillin-Zucker	
2 Eigelb	mit Handrührgerät mit Rührbesen auf höchster Stufe verrühren
4 Eigelb	hinzufügen, cremig schlagen
6 Eiweiß	steif schlagen, unterheben
120 g Weizenmehl	mit
1 gestrichenen TL Backin	mischen, sieben, unterrühren
80 g gemahlene, leicht geröstete Haselnußkerne	
40 g zerlassene, abgekühlte Margarine, z.B. Sanella, oder Butter	unterziehen
	aus dem Teig 3 Platten backen, dazu jeweils ein Drittel des Teiges in der Größe von 28 x 24 cm auf ein mit Backpapier belegtes Backblech streichen
Strom	
Ober-/Unterhitze	etwa 170 °C (vorgeheizt)
Heißluft	etwa 150 °C (nicht vorgeheizt)
Gas	Stufe 3 – 4 (vorgeheizt)
Backzeit	10 – 12 Minuten
	die Gebäckplatten sofort nach den Backen auf Papier stürzen, das Backpapier abziehen, die Platten erkalten lassen.
	Für die Füllung
250 g Aprikosen-Konfitüre	durch ein Sieb streichen, mit jeweils einem Drittel davon jede Platte bestreichen, die Platten zusammensetzen.
	Für den Belag
100 g Marzipan-Rohmasse	mit
100 g gesiebtem Puderzucker	
knapp 1 EL Aprikosen-Geist	auf der Arbeitsfläche verkneten, zwischen Klarsicht-Folie zu einer Platte (28 x 24 cm) ausrollen, auf die zusammengesetzten Platten legen, leicht andrücken, die Ränder glattschneiden
	Gebäck in Würfel (3 x 3 cm) schneiden oder nach Belieben ausstechen.

(Fortsetzung Seite 96)

	Für den Guß
400 g Puderzucker	sieben, mit
etwa 6 EL warmem Wasser	zu einer dickflüssigen Masse verrühren, die Gebäckstücke damit überziehen, festwerden lassen.
	Zum Garnieren
100 g Halbbitter-Kuvertüre	mit
15 g Kokosfett	in einem kleinen Topf im Wasserbad bei schwacher Hitze zu einer geschmeidigen Masse verrühren, auf eine Tortenplatte streichen, fest werden lassen aus der Masse „Blüten" schaben, auf die Gebäckstücke legen.
	Zum Verzieren
	den restlichen Puderzuckerguß mit
Speisefarben	lila einfärben, die Petits fours damit verzieren.
Tip	Aus Gebäckresten kleine Rumkugeln zubereiten.

SCHOKOSTÄBCHEN

	Für den Teig
1 Ei 1 Eigelb 125 g Zucker 1 Päckchen Vanillin-Zucker Salz 1 gestrichenen TL Instant-Kaffee-Pulver	mit Handrührgerät mit Rührbesen auf höchster Stufe schaumig schlagen
60 g Zartbitter-Schokolade	in kleine Stücke brechen, in einem kleinen Topf im Wasserbad bei schwacher Hitze glattrühren, unter die Eiermasse rühren
200 g nicht abgezogene, gemahlene Mandeln	mit
1 Messerspitze Backin	mischen, zwei Drittel davon auf mittlerer Stufe unterrühren, den Rest unterkneten, den Teig kalt stellen.
	Für den Guß
1 Eiweiß	steif schlagen
60 g Puderzucker	sieben, eßlöffelweise unter den Eierschnee schlagen den Teig zu einem Rechteck (12 x 40 cm) ausrollen, die Teig-

	platte gleichmäßig mit dem Guß bestreichen, daraus Stäbchen (6 x 1 cm) schneiden, auf ein gefettetes Backblech legen
Strom	
Ober-/Unterhitze	170 – 200 °C (vorgeheizt)
Heißluft	160 – 170 °C (nicht vorgeheizt)
Gas	Stufe 3 – 4 (vorgeheizt)
Backzeit	10 – 15 Minuten.

MANDELZUNGEN

	Für den Teig
3 Eiweiß	mit Handrührgerät mit Rührbesen auf höchster Stufe fast steif schlagen, nach und nach
125 g Zucker	unterschlagen
30 g Weizenmehl	mit
5 g Kakaopulver	mischen, auf das steifgeschlagene Eiweiß sieben, unterziehen
100 g nicht abgezogene, gemahlene Mandeln	auf niedrigster Stufe unterrühren
60 g zerlassene, abgekühlte Margarine oder Butter	unterrühren, die Mandelmasse in einen Spritzbeutel mit Lochtülle füllen, Streifen (3 – 4 cm lang) auf ein gefettetes, mit Backpapier belegtes Backblech spritzen
Strom	
Ober-/Unterhitze	170 – 200 °C (vorgeheizt)
Heißluft	etwa 160 °C (nicht vorgeheizt)
Gas	Stufe 3 – 4 (vorgeheizt)
Backzeit	etwa 12 Minuten
	die Plätzchen sofort nach dem Backen vom Backblech lösen.
	Für die Füllung
etwa 100 g Nuß-Nougat	in einem kleinen Topf im Wasserbad bei schwacher Hitze geschmeidig rühren, die Hälfte der abgekühlten Plätzchen damit bestreichen, mit den übrigen Plätzchen bedecken.
	Für den Guß
50 g Speisefett-glasur, dunkel	in einem kleinen Topf im Wasserbad bei schwacher Hitze auflösen, die Plätzchen mit den Enden hineintauchen, auf Pergamentpapier trocknen lassen, in gut schließenden Dosen aufbewahren.

NOUGAT-MANDEL-TALER

	Für den Teig
2 Eier	mit Handrührgerät mit Rührbesen auf höchster Stufe in 1 Minute schaumig schlagen
100 g Zucker	mit
1 Päckchen Vanillin-Zucker	
Salz	mischen, in 1 Minute einstreuen, dann noch etwa 2 Minuten schlagen, die Hälfte von
160 g Weizenmehl	auf die Eiercreme sieben, kurz auf niedrigster Stufe unterrühren den Rest des Mehls auf dieselbe Weise unterarbeiten den Teig in einen Spritzbeutel mit großer Lochtülle geben, etwa 2 cm dicke Tuffs auf gefettete, bemehlte Backbleche spritzen, mit
etwa 40 g abgezogenen, gehobelten Mandeln	bestreuen
Strom	
Ober-/Unterhitze	etwa 200 °C (vorgeheizt)
Heißluft	etwa 170 °C (nicht vorgeheizt)
Gas	Stufe 3 – 4 (vorgeheizt)
Backzeit	etwa 10 Minuten die Plätzchen sofort nach dem Backen vom Backblech lösen.
	Für die Füllung
100 g Nuß-Nougat	in einem kleinen Topf im Wasserbad bei schwacher Hitze geschmeidig rühren, die Hälfte der erkalteten Plätzchen auf der Unterseite damit bestreichen, mit den anderen Plätzchen bedecken.
	Zum Verzieren
20 – 40 g dunkle Kuvertüre oder Speisefettglasur	in einem kleinen Topf im Wasserbad bei schwacher Hitze geschmeidig rühren, die Plätzchen damit besprenkeln.

ORANGENPLÄTZCHEN

☆ **für Kinder** ☆

	Für den Teig
2 Eier abgeriebene Schale von 1 Orange (unbehandelt) 2 EL Orangensaft	mit Handrührgerät mit Rührbesen auf höchster Stufe in 1 Minute schaumig schlagen
100 g Zucker	mit
1 Päckchen Vanillin-Zucker	mischen, in 1 Minute einstreuen, dann noch etwa 2 Minuten schlagen
100 g Weizenmehl	mit
50 g Speisestärke Gustin 1 Päckchen Dessert-Soße Vanille-Geschmack	mischen, die Hälfte davon auf die Eiercreme sieben, kurz auf niedrigster Stufe unterrühren den Rest des Mehl-Gemisches auf dieselbe Weise unterarbeiten mit 2 Teelöffeln Teighäufchen (nicht zu dicht nebeneinander) auf ein gefettetes, leicht mit Mehl bestäubtes Backblech setzen
Strom	
Ober-/Unterhitze	170 – 200 °C (vorgeheizt)
Heißluft	160 – 170 °C (nicht vorgeheizt)
Gas	Stufe 3 – 4 (vorgeheizt)
Backzeit	etwa 10 Minuten.
	Für den Guß
100 g Puderzucker	sieben, mit
1 – 2 EL Orangensaft	glattrühren, die erkalteten Plätzchen damit besprenkeln.

KNETTEIG

KNETTEIG

Notwendige Vorarbeiten

Das Fett muß bei der Verarbeitung mit einem Handrührgerät oder mit einer Küchenmaschine weich (streichfähig) sein.

Soll ein Knetteig unter Verwendung von Früchten zubereitet werden, sie folgendermaßen vorbereiten:
a) Korinthen und Rosinen verlesen.
b) Mandeln, die abgezogen werden sollen, in kochendes Wasser geben und sie 2 – 3 Minuten darin ziehen lassen (Topf von der Kochstelle nehmen). Nachdem sie abgetropft sind, die Schalen abziehen und die Mandeln zerkleinern.

Für Knetteige Backbleche und -formen im allgemeinen nicht fetten.
Eine Ausnahme bilden Obst-Formen, Tortelettformen und Backbleche für wasser- oder milchreiche Teige.

Die einzelnen Arbeitsgänge

„Mehl und Backpulver mischen und in eine Rührschüssel sieben..."
Mischen und Sieben lockern das Mehl auf und verteilen das Backpulver gleichmäßig im Mehl. Das Gebäck wird dadurch besser gelockert. Ist außerdem Kakao angegeben, ihn zum Mehl geben.

Bei Verwendung von Vollkornmehl.
Mehl und Backpulver in einer Schüssel mischen.

„Alle übrigen im Rezept aufgeführten Zutaten hinzufügen..."

Eier immer vor der Zugabe einzeln in eine Tasse aufschlagen und prüfen, ob sie frisch sind. Falls Flüssigkeit vorgeschrieben ist, sie auf den Zucker (Honig) geben.

Das Fett (Margarine oder Butter) soll weich (streichfähig) sein. Nur so lassen sich die Zutaten gut verarbeiten. Mehr Mehl, als im Rezept angegeben, darf bei fettreichen Teigen nicht genommen werden, da der Teig dadurch krümelig und das Gebäck hart wird. Sind Früchte vorgeschrieben, sie zuletzt unterkneten.

„... Die Zutaten zunächst auf niedrigster Stufe kurz, dann auf höchster Stufe gut durcharbeiten..."

Die Zutaten lassen sich am besten verarbeiten, wenn das Fett weich (streichfähig) ist. Deshalb das zu verarbeitende Fett rechtzeitig aus dem Kühlschrank nehmen.

„... Anschließend mit den Händen auf der mit Weizenmehl bestäubten Tischplatte zu einem glatten Teig verkneten..."

Dabei nicht zu viel Mehl auf die Tischplatte sieben, damit der Teig nicht brüchig wird. Den Teig mit geschlossenen flachen Händen schnell verkneten.

KNETTEIG

„... Diesen zu einer Rolle formen.

Sollte der Teig kleben, ihn eine Zeitlang kalt stellen oder noch etwas Mehl hinzugeben."
Damit sich der Teig besser ausrollen läßt, ihn zu einer Rolle formen. Das Kleben fettreicher Teige wird durch Kaltstellen beseitigt. An wasserreiche (milchreiche) Teige noch etwas Mehl geben.
Bevor der Teig ausgerollt wird, die Tischplatte von Teigresten reinigen, damit er nicht kleben kann, und sie gleichmäßig bemehlen.

Das Ausrollen des Teiges
Um die Teigbeschaffenheit beim Ausrollen nicht zu verderben, nicht zu große Teigstücke ausrollen (besonders bei Kleingebäck). Beim Ausrollen muß sich die Teigrolle wirklich drehen und leicht über den Teig gehen (nicht zu stark drücken).
Während des Ausrollens ab und zu mit einem großen Messer unter dem Teig herstreichen, damit er sofort gelöst wird, wenn er irgendwo kleben sollte.

Für Kleingebäck den Teig so ausstechen, daß möglichst wenig Abfall entsteht (Ausstechförmchen); denn Knetteig wird durch erneutes Zusammenkneten und Ausrollen nicht besser.

Knetteigböden für Obsttorten entweder in Springformen oder in gefetteten Obst-Formen backen. Bei einer Springform zwei Drittel der angegebenen Teigmenge auf dem Boden der Form ausrollen. Den Rest des Teiges (je nach Rezept) mit einem gestrichenen Eßlöffel Mehl verkneten, zu einer Rolle formen, als Rand auf den Teigboden legen und mit zwei Fingern so an den Springformring drücken, daß der Rand etwa 3 cm hoch wird. Danach den Boden mehrmals mit einer Gabel einstechen, damit er keine Luftblasen bekommt.

Das Backen von Knetteigen

Alle Knetteige nach den Angaben unter den Rezepten backen. Wenn der Teig gebacken ist, das Gebäck sofort aus der Form losen oder vom Backblech nehmen.
Dann auf einen Kuchenrost zum Auskühlen legen (Kleingebäck einzeln nebeneinander).

KNETTEIG (GRUNDREZEPT)

150 – 200 g Weizenmehl	mit
½ – 1 gestrichenen TL Backin	mischen, in eine Rührschüssel sieben
75 – 125 g Zucker	
1 Päckchen Vanillin-Zucker	
1 Prise Salz	
1 Ei	
75 – 125 g Margarine, z.B. Sanella, oder Butter	hinzufügen die Zutaten mit Handrührgerät mit Knethaken zunächst kurz auf niedrigster, dann auf höchster Stufe gut durcharbeiten, anschließend auf der Arbeitsfläche zu einem glatten Teig verkneten, sollte er kleben, ihn eine Zeitlang kalt stellen (20 – 30 Minuten) den Teig auf dem gefetteten Boden einer Springform, auf einem gefetteten Backblech oder auf der bemehlten Arbeitsfläche ausrollen, je nach Rezept weiterverarbeiten und backen.

Obst-Nuss-Torte

(Foto Seite 100 / 101)

	Für den Teig
150 g Weizenmehl	mit
1 gestrichenen TL Backin	mischen, in eine Rührschüssel sieben
50 g Zucker	
1 Päckchen Vanillin-Zucker	
1 Ei	
75 g gemahlene Haselnußkerne	
100 g Margarine oder Butter	hinzufügen die Zutaten mit Handrührgerät mit Knethaken zunächst kurz auf niedrigster, dann auf höchster Stufe gut durcharbeiten, anschließend auf der Arbeitsfläche zu einem glatten Teig verkneten, sollte er kleben, ihn eine Zeitlang kalt stellen den Teig zu einer Platte (Ø 29 cm) ausrollen, in eine gefettete Obstform (Ø 28 cm) legen, gut andrücken, so daß eine glatte Oberfläche entsteht Teigboden mehrmals mit einer Gabel einstechen
Strom	
Ober-/Unterhitze	170 – 200 °C (vorgeheizt)
Heißluft	etwa 160 °C (nicht vorgeheizt)
Gas	Stufe 3 – 4 (vorgeheizt)
Backzeit	15 – 20 Minuten Gebäck sofort nach dem Backen auf einen Kuchenrost stürzen, erkalten lassen.
	Für den Belag
600 – 700 g vorbereitetes Beerenobst (z.B. Erdbeeren, Himbeeren, Brombeeren)	auf dem Tortenboden verteilen
3 gehäufte EL Beeren-Konfitüre	durch ein Sieb streichen, unter Rühren etwas einkochen lassen, das Obst damit bestreichen den Rand mit
30 g abgezogenen, gehackten Mandeln	bestreuen.

ZARTES MANDELGEBÄCK

☆ einfach ☆

	Für den Teig
375 g Weizenmehl	mit
1 gestrichenen TL Backin	mischen, in eine Rührschüssel sieben
125 g Zucker 1 Päckchen Vanillin-Zucker Salz 2 Tropfen Backöl Bittermandel abgeriebene Schale von ½ Zitrone (unbehandelt) 1 Ei 250 g Margarine, z.B. Sanella, oder Butter	hinzufügen die Zutaten mit Handrührgerät mit Knethaken zunächst kurz auf niedrigster, dann auf höchster Stufe gut durcharbeiten
100 g abgezogene, gehobelte Mandeln	kurz auf mittlerer Stufe unterkneten, anschließend alles auf der Arbeitsfläche zu einem glatten Teig verkneten den Teig zu einem Rechteck (14 x 22 cm) ausrollen, über Nacht kalt stellen den Teig in Streifen von 22 x 3,5 cm schneiden, davon ½ – 1 cm dicke Stücke abschneiden, auf ein Backblech legen
Strom	
Ober-/Unterhitze	170 – 200 °C (vorgeheizt)
Heißluft	160 – 170 °C (nicht vorgeheizt)
Gas	Stufe 3 – 4 (vorgeheizt)
Backzeit	15 – 20 Minuten.
	Für den Guß
175 g Kuvertüre	in kleine Stücke schneiden, mit
etwas Kokosfett	in einem kleinen Topf im Wasserbad bei schwacher Hitze zu einer geschmeidigen Masse verrühren die erkalteten Plätzchen zur Hälfte hineintauchen.

FRIESISCHE STREUSELTORTE

☆ schnell ☆

Für den Teig

250 g Weizenmehl	mit
1 Messerspitze Backin	mischen, in eine Rührschüssel sieben
2 Päckchen Vanillin-Zucker 1 Becher (150 g) Crème fraîche 175 g Margarine oder Butter	hinzufügen
	die Zutaten mit Handrührgerät mit Knethaken zunächst kurz auf niedrigster, dann auf höchster Stufe gut durcharbeiten, anschließend auf der Arbeitsfläche zu einem glatten Teig verkneten, sollte er kleben, ihn eine Zeitlang kalt stellen den Teig in 4 gleich große Stücke teilen jeweils ein Teigstück auf dem gefetteten Boden einer Springform (Ø 28 cm) ausrollen (darauf achten, daß der Teigboden am Rand nicht zu dünn ist), mehrmals mit einer Gabel einstechen, den Springformrand darum legen.

Für die Streusel

150 g Weizenmehl	in eine Rührschüssel sieben, mit
75 g Zucker 1 Päckchen Vanillin-Zucker 1 Messerspitze gemahlenem Zimt	mischen

(Fortsetzung Seite 110)

KNETTEIG

100 g weiche Margarine, z.B. Sanella, oder Butter	dazugeben die Zutaten mit dem Handrührgerät mit Knethaken zu Streuseln verarbeiten, die Teigböden gleichmäßig damit bedecken (Foto 1)
Strom	
Ober-/Unterhitze	200 – 220 °C (vorgeheizt)
Heißluft	170 – 180 °C (nicht vorgeheizt)
Gas	Stufe 3 – 4 (vorgeheizt)
Backzeit	für jeden Boden etwa 15 Minuten die Böden sofort nach dem Backen vom Springformboden lösen einen der Böden in 12 Tortenstücke schneiden die Böden auf einem Kuchenrost erkalten lassen.

Für die Füllung

500 g (2 Becher) Schlagsahne	½ Minute schlagen
25 g Zucker 2 Päckchen Sahnesteif 1 Päckchen Vanillin-Zucker	mischen, einstreuen, die Sahne steif schlagen, in einen Spritzbeutel mit gezackter Tülle füllen die 3 unzerteilten Böden zunächst jeweils mit einem Drittel von
450 g Pflaumenmus	bestreichen, die Schlagsahne darauf spritzen (Foto 2), mit dem geschnittenen Boden zu einer Torte zusammensetzen (Foto 3) die Torte mit
Puderzucker	bestäuben, kalt stellen, vor dem Verzehr mit einem Sägemesser schneiden.

APFEL-STREUSEL-KUCHEN ☆ einfach ☆

Für den Teig

150 g Weizenmehl	mit
1 Messerspitze Backin	mischen, in eine Rührschüssel sieben
100 g Zucker 1 Päckchen Vanillin-Zucker	

Salz	
1 Ei	
100 g Margarine	
oder Butter	hinzufügen
	die Zutaten mit Handrührgerät mit Knethaken zunächst kurz auf niedrigster, dann auf höchster Stufe gut durcharbeiten, anschließend auf der Arbeitsfläche zu einem glatten Teig verkneten, sollte er kleben, ihn eine Zeitlang kalt stellen
	gut zwei Drittel des Teiges auf dem gefetteten Boden einer Springform (Ø 28 cm) ausrollen, mehrmals mit einer Gabel einstechen, den Springformrand um den Boden legen
Strom	
Ober-/Unterhitze	200 – 220 °C (vorgeheizt)
Heißluft	etwa 180 °C (nicht vorgeheizt)
Gas	Stufe 3 – 4 (vorgeheizt)
Backzeit	10 – 12 Minuten
	den Boden erkalten lassen
	den Rest des Teiges zu einer Rolle formen, sie als Rand auf den vorgebackenen Boden legen, so an die Form drücken, daß ein etwa 2 cm hoher Rand entsteht.
	Für die Füllung
etwa 1½ kg Äpfel	schälen, vierteln, entkernen, in kleine Stücke schneiden, mit
75 g Zucker	
1 Messerspitze gemahlenem Zimt	
75 g Margarine,	
z.B. Sanella, oder Butter	unter Rühren leicht dünsten, abkühlen lassen, auf den vorgebackenen Boden streichen.
	Für die Streusel
150 g Weizenmehl	in eine Rührschüssel sieben
100 g Zucker	
1 Päckchen Vanillin-Zucker	
100 g Butter	hinzufügen, mit Handrührgerät mit Knethaken zu Streuseln von gewünschter Größe verarbeiten, gleichmäßig auf der Füllung verteilen
Strom	
Ober-/Unterhitze	200 – 220 °C (vorgeheizt)
Heißluft	etwa 180 °C (nicht vorgeheizt)
Gas	Stufe 3 – 4 (nicht vorgeheizt)
Backzeit	etwa 40 Minuten.

KNETTEIG

MOHN-QUARK-KUCHEN

	Für den Teig
375 g Weizenmehl	mit
1 gestrichenen TL Backin	mischen, in eine Rührschüssel sieben
75 g Zucker	
1 Päckchen Vanillin-Zucker	
2 Eier	
175 g Margarine oder Butter	hinzufügen
	die Zutaten mit Handrührgerät mit Knethaken zunächst kurz auf niedrigster, dann auf höchster Stufe gut durcharbeiten, anschließend auf der Arbeitsfläche zu einem glatten Teig verkneten, sollte er kleben, ihn eine Zeitlang kalt stellen.
	Für den Quarkbelag
750 g Magerquark	mit
150 g Zucker	
2 Eigelb	
Salz	
abgeriebener Schale von ½ Zitrone (unbehandelt)	
75 g zerlassener Butter	
1 Päckchen Käsekuchen-Hilfe	verrühren
2 Eiweiß	steif schlagen, unterrühren.
	Für den Mohnbelag
1 Packung (250 g) Mohn-back	mit
2 EL Honig	
2 Eiern	
100 g verlesenen Sultaninen	verrühren
	Zwei Drittel des Teiges auf einem gefetteten Backblech ausrollen, zunächst den Quarkbelag darauf streichen, dann den Mohnbelag darauf verteilen
	den restlichen Teig dünn ausrollen, in etwa 1 cm breite Streifen rädern
	die Teigstreifen als Gitter auf die Mohnmasse legen

(Fortsetzung Seite 114)

Strom	
Ober-/Unterhitze	170 – 200 °C (vorgeheizt)
Heißluft	etwa 160 °C (nicht vorgeheizt)
Gas	Stufe 3 – 4 (nicht vorgeheizt)
Backzeit	etwa 50 Minuten.
	Zum Aprikotieren
3 – 4 EL Aprikosen-Konfitüre	durch ein Sieb streichen, mit
3 EL Wasser	unter Rühren etwas einkochen lassen, die Teigstreifen damit bestreichen.

APRIKOSENSCHNITTEN

☆ **schnell** ☆

	Für den Teig
250 g Weizenmehl	mit
10 g Kakaopulver	
1 gestrichenen TL Backin	mischen, in eine Rührschüssel sieben
100 g Zucker	
1 Päckchen Vanillin-Zucker	
3 Tropfen Rum-Aroma	
200 g Margarine, z.B. Sanella, oder Butter	hinzufügen
	die Zutaten mit Handrührgerät mit Knethaken zunächst auf niedrigster, dann auf höchster Stufe gut durcharbeiten, anschließend auf der Arbeitsfläche zu einem glatten Teig verkneten, ihn auf einem gefetteten Backblech ausrollen, vorbacken
Strom	
Ober-/Unterhitze	etwa 200 °C (vorgeheizt)
Heißluft	etwa 170 °C (nicht vorgeheizt)
Gas	Stufe 3 – 4 (vorgeheizt)
Backzeit	etwa 12 Minuten.

	Für den Belag
2 Eiweiß	steif schlagen, aus
2 Päckchen Pudding-Pulver Vanille-Geschmack	
100 g Zucker	
1 Päckchen Vanillin-Zucker	
2 Eigelb	
750 ml (3/4 l) Milch	nach Anleitung auf dem Päckchen (aber nur mit 750 ml Milch) einen Pudding kochen, sofort
2 Becher (je 150 g) Crème fraîche	und das steifgeschlagene Eiweiß unterrühren, die Masse auf die vorgebackene Platte streichen, einen mehrfach geknickten Streifen Alufolie davor legen
480 g Aprikosenhälften (aus der Dose)	gut abtropfen lassen, von dem Saft 250 ml (1/4 l) abmessen die Aprikosen in gleichmäßigen Abständen auf dem Pudding verteilen (mit der Wölbung nach oben)
Strom	
Ober-/Unterhitze	170 – 200 °C (vorgeheizt)
Heißluft	etwa 160 °C (nicht vorgeheizt)
Gas	Stufe 3 – 4 (vorgeheizt)
Backzeit	30 – 35 Minuten. das Gebäck erkalten lassen.
	Für den Guß
1 Päckchen Tortenguß, klar	
25 g Zucker	
250 ml (1/4 l) Aprikosensaft	nach Anleitung auf dem Päckchen zubereiten, auf dem Belag verteilen, fest werden lassen das Gebäck so schneiden, daß jeweils eine Aprikosenhälfte in der Mitte eines Stückes liegt.

KNETTEIG

ZIMTBLÄTTER

	Für den Teig
350 g Weizenmehl	mit
1 gestrichenen TL Backin	mischen, in eine Rührschüssel sieben
100 g gesiebten Puderzucker	
1 Päckchen Vanillin-Zucker	
Salz	
1 gestrichenen TL gemahlenen Zimt	
2 Eigelb	
250 g Margarine oder Butter	
300 g abgezogene, grobgemahlene Mandeln	hinzufügen
	alle Zutaten mit Handrührgerät mit Knethaken zunächst auf niedrigster, dann auf höchster Stufe gut durcharbeiten, anschließend auf der Arbeitsfläche zu einem glatten Teig verkneten
	den Teig eine Zeitlang kalt stellen, etwa 3 mm dick ausrollen, mit einer runden Form ovale Plätzchen ausstechen (Foto 1), auf ein mit Backpapier belegtes Backblech legen
1 Eigelb	mit
1 EL Honig	verschlagen, die Plätzchen damit bestreichen, mit
Zimt-Zucker	bestreuen (Foto 2)

(Fortsetzung Seite 118)

KNETTEIG

Strom	
Ober-/Unterhitze	170 – 200 °C (vorgeheizt)
Heißluft	160 – 170 °C (nicht vorgeheizt)
Gas	Stufe 3 – 4 (vorgeheizt)
Backzeit	12 – 15 Minuten.

	Für den Guß
125 g Kuvertüre	in kleine Stücke brechen, mit
etwas Kokosfett	in einem kleinen Topf im Wasserbad bei schwacher Hitze geschmeidig rühren, die Unterseite der erkalteten Plätzchen damit bestreichen (Foto 3).

OBSTTÖRTCHEN

☆ einfach ☆

(12 – 14 Stück)	
	Für den Teig
200 g Weizenmehl	mit
1 gestrichenen TL Backin	mischen, in eine Rührschüssel sieben
75 g Zucker	
1 Päckchen Vanillin-Zucker	
Salz	
4 Tropfen Backöl Zitrone	
2 EL Wasser	
100 g Margarine, z.B. Sanella, oder Butter	hinzufügen
	die Zutaten mit Handrührgerät mit Knethaken zunächst kurz auf niedrigster, dann auf höchster Stufe gut durcharbeiten, anschließend auf der Arbeitsfläche zu einem glatten Teig verkneten, sollte er kleben, ihn eine Zeitlang kalt stellen
	den Teig dünn ausrollen, mit einer runden Form (Ø etwa 10 cm) ausstechen, in gut gefettete Tortelett-Förmchen (Ø etwa 10 cm) geben, mehrmals mit einer Gabel einstechen
Strom	
Ober-/Unterhitze	170 – 200 °C (vorgeheizt)
Heißluft	160 – 170 °C (nicht vorgeheizt)
Gas	Stufe 3 – 4 (vorgeheizt)
Backzeit	10 – 15 Minuten

	die erkalteten Törtchen gleichmäßig mit
Sahnesteif	bestreuen, damit die mit Obst belegten Törtchen nicht durchweichen.
	Für den Belag
500 – 750 g rohes Obst (z.B. Erdbeeren, Himbeeren, Heidelbeeren, Weintrauben)	waschen (Himbeeren nur verlesen), gut abtropfen lassen, entstielen oder verlesen, mit
Zucker	bestreuen, kurze Zeit stehen lassen
	oder
gedünstetes oder eingemachtes Obst (z.B. Aprikosen, Pfirsiche, Sauerkirschen, Stachelbeeren, Mandarinen)	abtropfen lassen, die Früchte auf die Törtchen legen.
	Für den Guß
1 Päckchen Tortenguß Zucker nach Angabe auf dem Päckchen 250 ml (¼ l) Wasser oder Fruchtsaft	nach Anleitung zubereiten, über das Obst verteilen.
	Zum Verzieren
250 g (1 Becher) Schlagsahne	½ Minute schlagen
1 Päckchen Sahnesteif	mit
1 Päckchen Vanillin-Zucker	mischen, einstreuen, die Sahne steif schlagen die Törtchen damit verzieren.

Mailänder Marzipantörtchen

	Für den Teig
200 g Weizenmehl	in eine Rührschüssel sieben
65 g Zucker 1 Päckchen Vanillin-Zucker abgeriebene Schale von ½ Zitrone (unbehandelt) 125 g Margarine oder Butter	hinzufügen die Zutaten mit Handrührgerät mit Knethaken zunächst kurz auf niedrigster, dann auf höchster Stufe gut durcharbeiten, anschließend auf der Arbeitsfläche zu einem glatten Teig verkneten, ihn eine Zeitlang kalt stellen den Teig etwa 3 mm dick ausrollen runde Plätzchen (Ø etwa 8 cm) ausstechen (Foto 1) die Teigplätzchen auf ein gefettetes, mit Backpapier belegtes Backblech legen.
	Für den Belag
125 g Marzipan-Rohmasse	mit Handrührgerät mit Rührbesen gut verrühren nach und nach
30 g gesiebten Puderzucker 1 Eigelb 1 EL Zitronensaft	unterrühren, so lange rühren, bis eine cremige Masse entstanden ist

(Fortsetzung Seite 122)

	die Masse in einen Spritzbeutel mit kleiner gezackter Tülle geben, auf die Hälfte der Plätzchen Tuffs spritzen (Foto 2)
Strom	
Ober-/Unterhitze	170 – 200 °C (vorgeheizt)
Heißluft	160 – 170 °C (nicht vorgeheizt)
Gas	Stufe 3 – 4 (vorgeheizt)
Backzeit	etwa 15 Minuten
	die gebackenen Plätzchen erkalten lassen.
	Für die Füllung
50 g Zartbitter-Schokolade oder weiße Kuvertüre	in einem kleinen Topf im Wasserbad bei schwacher Hitze zu einer geschmeidigen Masse verrühren oder
6 EL Aprikosen-Konfitüre	glattrühren die unbespritzten Plätzchen damit bestreichen, mit den bespritzten Plätzchen zu Törtchen zusammensetzen (Foto 3)
3 – 4 kandierte Kirschen	vierteln, jedes Törtchen mit einem Stück Kirsche garnieren.
	Zum Aprikotieren
1½ EL Aprikosen-Konfitüre	durch ein Sieb streichen, mit
2 EL Wasser	unter Rühren etwas einkochen lassen die Marzipan-Törtchen damit bestreichen, nach Belieben mit
steifgeschlagener Schlagsahne	verzieren.

FLORENTINER PLÄTZCHEN

	Für den Teig
150 g Weizenmehl	in eine Rührschüssel sieben
50 g Zucker	
1 Päckchen Vanillin-Zucker	
1 Ei	
75 g Margarine, z.B. Sanella, oder Butter	hinzufügen

	die Zutaten mit Handrührgerät mit Knethaken zunächst kurz auf niedrigster, dann auf höchster Stufe gut durcharbeiten, anschließend auf der Arbeitsfläche zu einem glatten Teig verkneten, evtl. kalt stellen den Teig etwa 3 mm dick ausrollen, runde Plätzchen (Ø etwa 5 cm) ausstechen, auf ein gefettetes Backblech legen, hellgelb vorbacken
Strom	
Ober-/Unterhitze	170 – 200 °C (vorgeheizt)
Heißluft	etwa 160 °C (nicht vorgeheizt)
Gas	Stufe 3 – 4 (vorgeheizt)
Backzeit	etwa 8 Minuten.

Für den Belag

50 g Butter 50 g Zucker 2 gestrichene EL Honig	unter Rühren langsam zerlassen, erhitzen
125 g (½ Becher) Schlagsahne	hinzufügen, rühren, bis der Zucker gelöst und die Masse gebräunt ist
100 g abgezogene, gehobelte Mandeln 100 g gehobelte Haselnußkerne 2 EL gemahlene Haselnußkerne 50 g in Stücke geschnittene Belegkirschen	dazugeben, so lange unter Rühren schwach kochen lassen, bis die Masse gebunden ist den Belag auf den vorgebackenen Plätzchen verteilen
Strom	
Ober-/Unterhitze	etwa 170 °C (vorgeheizt)
Heißluft	etwa 150 °C (nicht vorgeheizt)
Gas	Stufe 3 – 4 (vorgeheizt)
Backzeit	10 – 12 Minuten.

Für den Guß

75 g dunkle Kuchenglasur	nach Anleitung auf dem Päckchen auflösen, die erkalteten Plätzchen auf der Unterseite damit bestreichen.

Englische Butterplätzchen

375 g Weizenmehl	in eine Rührschüssel sieben
200 g Rohrzucker	
1 Päckchen Vanillin-Zucker	
250 g Butter	hinzufügen
	die Zutaten mit Handrührgerät mit Knethaken zunächst kurz auf niedrigster, dann auf höchster Stufe gut durcharbeiten, anschließend auf der Arbeitsfläche zu einem glatten Teig verkneten
	aus dem Teig 2 – 2½ cm dicke Rollen formen, so lange kalt stellen, bis sie hart geworden sind
	die Rollen in etwa ½ cm dicke Scheiben schneiden, auf ein Backblech legen, hellbraun backen
Strom	
Ober-/Unterhitze	170 – 200 °C (vorgeheizt)
Heißluft	160 – 170 °C (nicht vorgeheizt)
Gas	Stufe 3 – 4 (vorgeheizt)
Backzeit	etwa 10 Minuten.

Haselnusskranz

	Für den Teig
300 g Weizenmehl	mit
2 gestrichenen TL Backin	mischen, in eine Rührschüssel sieben
100 g Zucker	
1 Päckchen Vanillin-Zucker	
Salz, 1 Ei	
2 EL Milch oder Wasser	
125 g Margarine	
z.B. Sanella, oder Butter	hinzufügen
	die Zutaten mit Handrührgerät mit Knethaken zunächst kurz auf niedrigster, dann auf höchster Stufe gut durcharbeiten, anschließend auf der Arbeitsfläche zu einem glatten Teig verkneten, sollte er kleben, ihn eine Zeitlang kalt stellen.

(Fortsetzung Seite 126)

KNETTEIG

	Für die Füllung
200 g gemahlene	
Haselnußkerne	mit
100 g Zucker	
4 – 5 Tropfen Backöl	
Bittermandel	
½ Eigelb	
1 Eiweiß	
3 – 4 EL Wasser	zu einer geschmeidigen Masse verrühren
	den Teig zu einem Rechteck (etwa 35 x 45 cm) ausrollen, die Nußmasse darauf streichen, den Teig von der längeren Seite her aufrollen, als Kranz auf ein gefettetes Backblech legen
½ Eigelb	mit
1 EL Milch	verschlagen, den Kranz damit bestreichen, sternförmig einschneiden
Strom	
Ober-/Unterhitze	170 – 200 °C (vorgeheizt)
Heißluft	160 – 170 °C (nicht vorgeheizt)
Gas	Stufe 3 – 4 (vorgeheizt)
Backzeit	etwa 45 Minuten.

GEDECKTE APFELTORTE ☆ **tiefkühlgeeignet** ☆

	Für den Teig
300 g Weizenmehl	mit
2 gestrichenen TL Backin	mischen, in eine Rührschüssel sieben
100 g Zucker	
1 Päckchen Vanillin-Zucker	
Salz	
½ Eigelb	
1 Eiweiß	
1 EL Milch	
150 g Margarine	
oder Butter	hinzufügen
	die Zutaten mit Handrührgerät mit Knethaken zunächst kurz auf niedrigster, dann auf höchster Stufe gut durcharbeiten,

	anschließend auf der Arbeitsfläche zu einem glatten Teig verkneten, sollte er kleben, ihn eine Zeitlang kalt stellen knapp die Hälfte des Teiges auf dem gefetteten Boden einer Springform (Ø 28 cm) ausrollen, mehrmals mit einer Gabel einstechen, den Springformrand darum legen
Strom	
Ober-/Unterhitze	200 – 220 °C (vorgeheizt)
Heißluft	170 – 180 °C (nicht vorgeheizt)
Gas	Stufe 3 – 4 (vorgeheizt)
Backzeit	15 – 20 Minuten.
	Für die Füllung
50 g Rosinen	verlesen
etwa 2 kg Äpfel	schälen, vierteln, entkernen, in kleine Stücke schneiden, mit
1 EL Wasser	
50 g Zucker	
½ TL gemahlenem Zimt	und den Rosinen unter Rühren leicht dünsten, etwas abkuhlen lassen, mit
etwa 50 g Zucker	
einigen Tropfen	
Rum-Aroma oder	
Backöl Zitrone	abschmecken den übrigen Teig zu einer Platte in Größe der Springform ausrollen, den Rest zu einer Rolle formen, sie als Rand auf den vorgebackenen Boden legen, so an die Form drücken, daß ein etwa 3 cm hoher Rand entsteht die Füllung auf den Boden streichen, die Teigplatte darauf legen
½ Eigelb	mit
1 EL Milch	verschlagen, die Teigplatte damit bestreichen, mit einer Gabel mehrmals einstechen oder mit einem Teigrädchen ein Gittermuster rädern
Strom	
Ober-/Unterhitze	200 – 220 °C (vorgeheizt)
Heißluft	etwa 170 °C (nicht vorgeheizt)
Gas	Stufe 3 – 4 (nicht vorgeheizt)
Backzeit	20 – 30 Minuten.
Tip	Die Torte mit geschlagener Sahne, nach Belieben mit Calvados abgeschmeckt, servieren.

Russischer Zupfkuchen

☆ **einfach** ☆

	Für den Teig
375 g Weizenmehl 40 g Kakaopulver 3 gestrichenen TL Backin	mischen, in eine Rührschüssel sieben
200 g Zucker 1 Päckchen Vanillin-Zucker 1 Ei 200 g Margarine, z.B. Sanella, oder Butter	hinzufügen die Zutaten mit Handrührgerät mit Knethaken zunächst kurz auf niedrigster, dann auf höchster Stufe gut durcharbeiten, anschließend auf der Arbeitsfläche zu einem glatten Teig verkneten, sollte er kleben, ihn eine Zeitlang kalt stellen die Hälfte des Teiges auf einem gefetteten Springformboden (Ø 28 cm) ausrollen.
	Für die Füllung
500 g Speisequark 200 g Zucker 1 Päckchen Vanillin-Zucker 3 Eier 1 Päckchen Pudding-Pulver Vanille-Geschmack 250 g zerlassene, abgekühlte Margarine oder Butter	zu einer einheitlichen Masse verrühren, in die Form geben, glattstreichen den restlichen Teig in kleine Stücke „zupfen", auf die Füllung verteilen
Strom	
Ober-/Unterhitze	etwa 170 °C (vorgeheizt)
Gas	Stufe 3 – 4 (nicht vorgeheizt)
Backzeit	60 – 70 Minuten.

BUNTER OBSTKUCHEN

☆ für Kinder ☆

Für den Teig

250 g Weizenmehl	mit
1 gestrichenen TL Backin	mischen, in eine Rührschüssel sieben
75 g Zucker	
1 Päckchen Vanillin-Zucker	
1 Ei	
125 g Margarine, z.B. Sanella, oder Butter	hinzufügen
	die Zutaten mit Handrührgerät mit Knethaken zunächst auf niedrigster, dann auf höchster Stufe gut durcharbeiten, anschließend auf der Arbeitsfläche zu einem glatten Teig verkneten, sollte er kleben, ihn eine Zeitlang kalt stellen
	den Teig auf einem gefetteten Backblech ausrollen.

Für den Belag

370 g Sauerkirschen (aus dem Glas)	
240 g Aprikosenhälften (aus der Dose)	gut abtropfen lassen (jedes Obst für sich)
300 g abgezogene, gemahlene Mandeln	
150 g Zucker	
1 Päckchen Vanillin-Zucker	
2 Eier	
2 Becher (je 125 g) Crème double	verrühren, auf dem Teig verteilen
	das Obst - jedes für sich - auf der Mandelmasse verteilen
Strom	
Ober-/Unterhitze	170 – 200 °C (vorgeheizt)
Heißluft	etwa 160 °C (nicht vorgeheizt)
Gas	Stufe 3 – 4 (vorgeheizt)
Backzeit	35 – 45 Minuten.

Zum Aprikotieren

2 EL Aprikosen-Konfitüre	durch ein Sieb streichen, mit
1 EL Wasser	unter Rühren etwas einkochen lassen
	den noch warmen Kuchen damit bestreichen.

LINZER TORTE

200 g Weizenmehl	mit
1 gestrichenen TL Backin	mischen, in eine Rührschüssel sieben
125 g Zucker 1 Päckchen Vanillin-Zucker 2 Tropfen Backöl Bittermandel 1 Messerspitze gemahlene Nelken 1 gestrichenen TL gemahlenen Zimt Salz ½ Eigelb 1 Eiweiß 125 g Margarine oder Butter 125 g nicht abgezogene, gemahlene Mandeln	hinzufügen die Zutaten mit Handrührgerät mit Knethaken zunächst kurz auf niedrigster, dann auf höchster Stufe gut durcharbeiten, anschließend auf der Arbeitsfläche zu einem glatten Teig verkneten knapp die Hälfte des Teiges zu einer Platte in Größe einer Springform (Ø 28 cm) ausrollen, 16 – 20 Streifen daraus rädern den übrigen Teig auf dem Springformboden ausrollen, mit
100 g Himbeer- Konfitüre	bestreichen, dabei am Rand etwa 1 cm Teig frei lassen die Teigstreifen gitterförmig über die Konfitüre legen
½ Eigelb	mit
1 TL Milch	verschlagen, die Teigstreifen damit bestreichen
Strom	
Ober-/Unterhitze	170 – 200 °C (vorgeheizt)
Heißluft	etwa 170 °C (nicht vorgeheizt)
Gas	Stufe 3 – 4 (nicht vorgeheizt)
Backzeit	25 – 30 Minuten.

OBSTKUCHEN AUF FRANZÖSISCHE ART

Für den Teig

200 g Weizenmehl	in eine Rührschüssel sieben
1 Päckchen Vanillin-Zucker	
Salz	
1 Ei	
100 g Margarine, z.B. Sanella, oder Butter	hinzufügen
	die Zutaten mit Handrührgerät mit Knethaken zunächst kurz auf niedrigster, dann auf höchster Stufe gut durcharbeiten, anschließend auf der Arbeitsfläche zu einem glatten Teig verkneten, ihn eine Zeitlang kalt stellen
	den Teig auf einem bemehlten Küchentuch ausrollen (Foto 1), eine gefettete Tarte-Form (Ø 26 cm) damit auslegen.

Für den Belag

250 g Aprikosen	waschen, halbieren, entsteinen
3 mittelgroße Äpfel	
2 Birnen	beide Zutaten schälen, vierteln, entkernen, in Spalten schneiden
	den Teig mit dem Obst belegen.

Für den Guß

2 Eigelb	mit
250 g (1 Becher) Schlagsahne	verschlagen
60 g Zucker	
1 Päckchen Vanillin-Zucker	

(Fortsetzung Seite 134)

2 gestrichene EL Speisestärke Gustin	unterrühren, die Masse über das Obst verteilen (Foto 2)
Strom	
Ober-/Unterhitze	170 – 200 °C (vorgeheizt)
Heißluft	160 – 170 °C (nicht vorgeheizt)
Gas	Stufe 3 – 4 (nicht vorgeheizt)
Backzeit	etwa 50 Minuten.

Zum Aprikotieren

4 – 5 EL Aprikosen-Konfitüre	durch ein Sieb streichen, mit
1 EL Wasser	unter Rühren aufkochen lassen den Kuchen sofort nach dem Backen damit bestreichen (Foto 3).

KÄSEKUCHEN MIT STREUSELN

Für den Teig

150 g Weizenmehl	mit
½ gestrichenen TL Backin	mischen, in eine Rührschüssel sieben
75 g Zucker 1 Päckchen Vanillin-Zucker Salz, 1 Ei 75 g Margarine oder Butter	hinzufügen die Zutaten mit Handrührgerät mit Knethaken zunächst kurz auf niedrigster, dann auf höchster Stufe gut durcharbeiten, anschließend auf der Arbeitsfläche zu einem glatten Teig verkneten, sollte er kleben, ihn eine Zeitlang kalt stellen gut zwei Drittel des Teiges auf dem gefetteten Boden einer Springform (Ø 28 cm) ausrollen, unter den Rest des Teiges
1 gestrichenen EL Weizenmehl	kneten, zu einer Rolle formen, sie als Rand auf den Teigboden legen, so an die Form drücken, daß ein etwa 3 cm hoher Rand entsteht, den Teigboden mehrmals mit einer Gabel einstechen
Strom	
Ober-/Unterhitze	200 – 220 °C (vorgeheizt)
Gas	Stufe 3 – 4 (vorgeheizt)
Backzeit	etwa 10 Minuten.

	Für die Füllung
750 g Speisequark	mit
150 g Zucker	
3 EL Zitronensaft	
50 g Speisestärke Gustin	
3 Eigelb	gut verrühren
3 Eiweiß	steif schlagen
250 g (1 Becher) Schlagsahne	steif schlagen beide Zutaten unter die Quarkmasse heben, gleichmäßig auf den vorgebackenen Boden streichen.
	Für die Streusel
100 g Weizenmehl	in eine Rührschüssel sieben
75 g Zucker	
1 Päckchen Vanillin-Zucker	
75 g Butter	hinzufügen, mit Handrührgerät mit Knethaken zu Streuseln von gewünschter Größe verarbeiten, gleichmäßig auf der Füllung verteilen
Strom	
Ober-/Unterhitze	etwa 170 °C (vorgeheizt)
Gas	Stufe 2 – 3 (nicht vorgeheizt)
Backzeit	70 – 80 Minuten den Kuchen nach der Backzeit (Backofen ausgeschaltet) noch 15 Minuten bei geöffneter Klappe stehen lassen.

QUARKTASCHEN

☆ **für Kinder** ☆

	Für den Teig
150 g Weizenmehl	in eine Rührschüssel sieben
1 Päckchen Vanillin-Zucker	
Salz	
150 g Magerquark	
150 g Margarine,	
z.B. Sanella, oder Butter	hinzufügen
	die Zutaten mit Handrührgerät mit Knethaken zunächst kurz auf niedrigster, dann auf höchster Stufe gut durcharbeiten, anschließend auf der Arbeitsfläche zu einem glatten Teig verkneten, den Teig etwa 1 Stunde kalt stellen.
	Für die Füllung
200 g Speisequark	mit
50 g Zucker	
1 Päckchen Vanillin-Zucker	
abgeriebener Schale von 1 Zitrone (unbehandelt)	
1 Eigelb	verrühren
1 Eiweiß	steif schlagen, mit
30 g verlesenen Rosinen	unterrühren
	die Hälfte des Teiges zu einem Viereck von 30 x 30 cm ausrollen, in Quadrate von 10 x 10 cm schneiden, auf jedes Teigstück in die Mitte etwas von der Füllung geben
1 Eigelb	mit
1½ EL Milch	verschlagen, die Teigränder damit bestreichen
	die Teigstücke zu Taschen zusammenklappen, auf ein mit Backpapier belegtes Backblech legen, mit Eigelbmilch bestreichen, den restlichen Teig ebenso verarbeiten, die Teigreste ausrollen, in schmale Streifen schneiden, je zwei davon über Kreuz auf jede Tasche legen, ebenfalls mit Eigelbmilch bestreichen
Strom	
Ober-/Unterhitze	200 – 220 °C (vorgeheizt)
Heißluft	etwa 180 °C (nicht vorgeheizt)
Gas	Stufe 3 – 4 (vorgeheizt)
Backzeit	etwa 25 Minuten.

HEFETEIG

Notwendige Vorarbeiten

Im Handel ist Frisch-Hefe und Trocken-Backhefe erhältlich. Das Backen mit Trocken-Backhefe erfordert keine besonderen Vorarbeiten. Die Hefe wird sofort aus dem Päckchen ins Mehl gestreut und mit dem Mehl sorgfältig vermischt (Ausnahme: Bei zutatenreichen Teigen, z. B. Hefe-Napfkuchen und Stollen, muß die Hefe angerührt werden). Backbleche und -formen im allgemeinen fetten, am zweckmäßigsten mit streichfähiger Margarine oder Butter, und, je nach Rezept, mit Semmelbröseln ausstreuen.

Die einzelnen Arbeitsgänge

„Das Mehl in eine Rührschüssel sieben (geben) und die Hefe gleichmäßig mit einer Gabel unterrühren..."
Trocken-Backhefe ist in einem Spezialverfahren haltbar gemacht und hat außerdem den zeitsparenden Vorteil, daß sie nicht angerührt oder im „Vorteig" angesetzt werden muß.

„... Alle übrigen im Rezept angegebenen Zutaten zu dem Mehl geben..."
Nur in Gegenwart von Wärme entfaltet Hefe ihre volle Triebkraft – vor allem die Flüssigkeit (Milch oder Wasser) sollte etwa 37 °C haben.
Zweckmäßigerweise wird die Flüssigkeit während des Rührens nach und nach hinzugegeben; so teilt sich die Wärme dem Teig gleichmäßig mit.

„Die folgenden 2 Arbeitsphasen zeigen die Zubereitung für einen Hefe-Napfkuchen, denn bei **zutatenreichen Teigen** (dazu gehört z. B. auch der Stollen), muß die Hefe angerührt werden. Wichtig dabei ist, daß die angesetzte Hefe tatsächlich gegangen ist. Voraussetzung dafür ist, daß sie zusammen mit etwas Zucker (Honig) und mit lauwarmer Milch angerührt wird und 15 Minuten bei Zimmertemperatur stehenbleibt. Nur in Gegenwart von Wärme entfaltet die Hefe ihre volle Triebkraft – die Milch sollte etwa handwarm sein, also etwa 37 °C haben."

Die übrigen Zutaten dürfen erst bei der Teigbereitung selbst mit der Hefe in Berührung kommen, vor allem Salz und Fett, denn sie würden die Tätigkeit der Hefe hemmen. Deshalb sollten diese Zutaten an den Rand der Schüssel gegeben werden und erst nachdem die Hefe mit dem Mehl vermischt ist, untergerührt werden. Am schnellsten kann sie Zucker verarbeiten, während sie Mehl (Stärke) vorher abbauen muß.

„... Die Zutaten zunächst kurz auf niedrigster, dann auf höchster Stufe etwa 5 Minuten verarbeiten. Der Teig muß glatt sein..."

Das Kneten des Hefeteiges bewirkt eine besonders gute Verbindung aller Zutaten untereinander unter Einschlagen von Luft. Die Hefe wandelt dabei Zucker und Mehl (Stärke), als **Kohlenhydrate in Kohlensäure und Alkohol um** und bewirkt dadurch eine Lockerung des Teiges.

„... Den Teig abgedeckt (am besten mit Sichtfolie) an einem warmen Ort so lange stehenlassen, bis er sich sichtbar vergrößert hat".
Hefeteige nicht sofort nach der Zubereitung backen, sondern vorher genügend aufgehen lassen. Sie an einen warmen Ort stellen; z. B. in den Gas- oder Elektroherd.
Gas: Auf Stufe 8 3 Minuten vorheizen.
Flamme ausdrehen, Schüssel mit Teig so lange hineinstellen, bis er sich sichtbar vergrößert hat.
Strom: 50 °C einschalten, Schüssel mit Teig so lange hineinstellen, bis er sich sichtbar vergrößert hat. Backofentür mit Holzlöffel geöffnet halten.

„... Den Teig, je nach Rezept, weiter verarbeiten (in eine vorbereitete Napfkuchenform füllen oder ausrollen, formen, flechten usw.), in jedem Fall vor dem Backen nochmals gehen lassen.

Das Backen von Hefeteigen

Hefeteige sollten in jedem Fall vor dem Backen nochmals an einem warmen Ort gehen, dadurch wird eine weitere Lockerung des Teiges hervorgerufen.
Um ein schnelleres "Gehen" des Teiges zu erzielen, ihn mit einem Geschirrtuch abdecken.
Alle Hefeteige nach den Angaben unter den Rezepten backen.

HEFETEIG (GRUNDREZEPT)

500 g Weizenmehl	in eine Rührschüssel sieben, mit
1 Päckchen Trocken-Backhefe	sorgfältig vermischen
75 g Zucker 1 Päckchen Vanillin-Zucker 1 Prise Salz 250 ml (¼ l) lauwarme Milch 75 – 100 g zerlassene, abgekühlte Margarine oder Butter oder 6 – 7 EL Speiseöl	hinzufügen
	oder (für kleine Bleche)
375 g Weizenmehl	in eine Rührschüssel sieben, mit
1 Päckchen Trocken-Backhefe	sorgfältig vermischen
50 g Zucker 1 Päckchen Vanillin-Zucker 1 Prise Salz 200 ml lauwarme Milch 50 – 75 g zerlassene, abgekühlte Margarine, z.B. Sanella, oder Butter oder 4 – 5 EL Speiseöl	hinzufügen
	die Zutaten mit Handrührgerät mit Knethaken zunächst auf niedrigster, dann auf höchster Stufe in etwa 5 Minuten zu einem Teig verarbeiten
	den Teig abgedeckt so lange an einem warmen Ort stehen lassen, bis er sich sichtbar vergrößert hat (etwa 20 Minuten), ihn aus der Schüssel nehmen, auf der Arbeitsfläche nochmals gut durchkneten
	den Teig – je nach Rezept – in der Form oder auf dem Backblech nochmals gehen lassen
	je nach Rezept backen.

HEFEZOPF "DREIERLEI" ☆ für Gäste ☆

(Foto Seite 138 / 139)

	Für den Teig
500 g Weizenmehl	in eine Rührschüssel sieben, mit
1 Päckchen Trocken-Backhefe	sorgfältig vermischen
50 g Zucker 1 Päckchen Vanillin-Zucker Salz 1 Becher (150 g) Crème fraîche 150 ml lauwarme Milch 75 g zerlassene, abgekühlte Margarine oder Butter	hinzufügen die Zutaten mit Handrührgerät mit Knethaken zunächst auf niedrigster, dann auf höchster Stufe in etwa 5 Minuten zu einem Teig verarbeiten den Teig abgedeckt an einem warmen Ort so lange stehen lassen, bis er sich sichtbar vergrößert hat.
	Für die Füllungen
4 kleine Ananasscheiben (aus der Dose)	gut abtropfen lassen, in sehr kleine Stücke schneiden, mit
50 g Kokosraspeln	vermengen
100 g verlesene Rosinen	mit
2 EL Rum	vermengen, etwa 30 Minuten stehen lassen
70 g nicht abgezogene Mandeln	grob hacken
100 g Marzipan-Rohmasse	in Würfel schneiden, beide Zutaten vermengen den gegangenen Teig aus der Schüssel nehmen, auf der Arbeitsfläche nochmals gut durchkneten den Teig in sechs gleich große Stücke teilen unter zwei Teigstücke die Ananasmischung, unter zwei Teigstücke die getränkten Rosinen und unter zwei Teigstücke die Mandelmischung kneten

	die Teigstücke zu etwa 30 cm langen Rollen formen, aus den Rollen zwei Zöpfe flechten, auf ein gefettetes Backblech legen, nochmals so lange an einem warmen Ort gehen lassen, bis sie sich sichtbar vergrößert haben
1 Eigelb	mit
1 EL Milch	verschlagen, die Zöpfe damit bestreichen
Strom	
Ober-/Unterhitze	170 – 200 °C (vorgeheizt)
Heißluft	160 – 170 °C (nicht vorgeheizt)
Gas	Stufe 3 – 4 (vorgeheizt)
Backzeit	etwa 35 Minuten.
Tip	Beim Unterkneten der Füllungen evtl. noch etwas Mehl dazugeben.

Abwandlungen

200 g Marzipan-Rohmasse mit 2 Eiern, 2 Eßlöffeln Aprikosen-Konfitüre und 2 Eßlöffeln Aprikosenlikör oder Orangensaft geschmeidig rühren.
200 g getrocknete Aprikosen würfeln und zusammen mit 50 g fein gehackten Bananen-Chips unterheben.
oder
1 Packung Mohn-Back mit 1 Becher Crème double verrühren, 2 große Äpfel (400 g) grob raspeln und unterheben.
Den Teig zu zwei Rechtecken (30 x 39 cm) ausrollen, von der Längsseite in drei Streifen schneiden. Die Füllung darauf geben und jeden Streifen aufrollen, anschließend zwei Zöpfe flechten.

Gugelhupf

☆ einfach ☆

1 Päckchen Trocken-Backhefe	mit
1 TL Zucker	
200 g lauwarmer Schlagsahne	in einem Schüsselchen sehr sorgfältig anrühren, etwa 15 Minuten bei Zimmertemperatur stehen lassen
500 g Weizenmehl	in eine Rührschüssel sieben, in die Mitte eine Vertiefung eindrücken
125 g Zucker	
1 Päckchen Vanillin-Zucker	
6 Tropfen Backöl Zitrone	
Salz	
75 g abgezogene, gemahlene Mandeln	
3 Eier	
200 g zerlassene, abgekühlte Margarine, z.B. Sanella, oder Butter	an den Rand des Mehls geben die angesetzte Hefe in die Vertiefung geben die Zutaten mit Handrührgerät mit Knethaken zunächst auf niedrigster, dann auf höchster Stufe in etwa 5 Minuten zu einem Teig verarbeiten den Teig abgedeckt an einem warmen Ort so lange stehen lassen, bis er sich sichtbar vergrößert hat, ihn dann auf höchster Stufe nochmals gut durchkneten
150 g Rosinen	verlesen, kurz auf mittlerer Stufe unterkneten den Teig in eine gefettete, mit
Semmelbröseln	ausgestreute Napfkuchenform (Ø 24 cm) füllen, nochmals so lange an einem warmen Ort gehen lassen, bis er sich sichtbar vergrößert hat
Strom	
Ober-/Unterhitze	170 – 200 °C (vorgeheizt)
Heißluft	160 – 170 °C (nicht vorgeheizt)
Gas	Stufe 2 – 3 (nicht vorgeheizt)
Backzeit	etwa 50 Minuten.

Kirschkuchen mit Rahmguss

	Für den Teig
250 g Weizenmehl	in eine Rührschüssel sieben, mit
1 Päckchen Trocken-Backhefe	sorgfältig vermischen
25 g Zucker 1 Päckchen Vanillin-Zucker Salz 1 Ei 100 ml lauwarme Milch 50 g zerlassene, abgekühlte Margarine oder Butter	hinzufügen die Zutaten mit Handrührgerät mit Knethaken zunächst auf niedrigster, dann auf höchster Stufe in etwa 3 Minuten zu einem Teig verarbeiten den Teig abgedeckt an einem warmen Ort so lange stehen lassen, bis er sich sichtbar vergrößert hat den gegangenen Teig aus der Schüssel nehmen, auf der Arbeitsfläche nochmals gut duchkneten, auf einem gefetteten Backblech ausrollen, vor den Teig einen mehrfach umgeknickten Streifen Alufolie legen.
	Für den Belag
740 g Sauerkirschen (2 Gläser)	gut abtropfen lassen, auf dem Teig verteilen, nochmals so lange an einem warmen Ort gehen lassen, bis er sich sichtbar vergrößert hat
500 g (2 Becher) Crème fraîche	mit
3 Eiern 25 g Zucker etwas abgeriebener Zitronenschale (unbehandelt)	verrühren, auf den Kirschen verteilen
Strom	
Ober-/Unterhitze	170 – 200 °C (vorgeheizt)
Heißluft	160 – 170 °C (nicht vorgeheizt)
Gas	Stufe 3 – 4 (vorgeheizt)
Backzeit	25 – 30 Minuten.
Tip	Anstelle der Sauerkirschen können auch Stachelbeeren oder Aprikosen verwendet werden.

BUTTERKUCHEN

☆ einfach ☆

	Für den Teig
375 g Weizenmehl	in eine Rührschüssel sieben, mit
1 Päckchen Trocken-Backhefe	sorgfältig vermischen
50 g Zucker 1 Päckchen Vanillin-Zucker Salz 200 ml lauwarme Milch 50 – 75 g zerlassene, abgekühlte Margarine, z.B. Sanella, oder Butter	hinzufügen die Zutaten mit Handrührgerät mit Knethaken zunächst auf niedrigster, dann auf höchster Stufe in etwa 5 Minuten zu einem Teig verarbeiten den Teig abgedeckt so lange an einem warmen Ort stehen lassen, bis er sich sichtbar vergrößert hat, ihn aus der Schüssel nehmen, auf der Arbeitsfläche nochmals gut durchkneten den Teig auf einem gefetteten Backblech (38 x 28 cm) ausrollen, vor den Teig einen mehrfach umgeknickten Streifen Alufolie legen.
	Für den Belag
125 g Butter	in Flöckchen gleichmäßig auf den Teig setzen (vorher Vertiefungen in den Teig drücken) oder zerlassen darauf streichen
75 g Zucker	mit
1 Päckchen Vanillin-Zucker	mischen, darüber streuen
50 – 75 g abgezogene, gehobelte Mandeln	gleichmäßig darüber verteilen, den Teig nochmals so lange an einem warmen Ort gehen lassen, bis er sich sichtbar vergrößert hat
Strom	
Ober-/Unterhitze	200 – 220 °C (vorgeheizt)
Heißluft	170 – 180 °C (nicht vorgeheizt)
Gas	Stufe 4 – 5 (vorgeheizt)
Backzeit	etwa 15 Minuten.
Veränderung	250 g (1 Becher) Schlagsahne steif schlagen, sofort nach dem Backen gleichmäßig auf den Butterkuchen streichen.

BIENENSTICH

☆ für Gäste ☆

Für den Teig

375 g Weizenmehl	in eine Rührschüssel sieben, mit
1 Päckchen Trocken-Backhefe	sorgfältig vermischen
50 g Zucker 1 Päckchen Vanillin-Zucker Salz, 1 Ei 200 ml lauwarme Milch 50 g zerlassene, abgekühlte Margarine, z.B. Sanella, oder Butter	hinzufügen, die Zutaten mit Handrührgerät mit Knethaken zunächst auf niedrigster, dann auf höchster Stufe in etwa 5 Minuten zu einem Teig verarbeiten, den Teig abgedeckt an einem warmen Ort so lange stehen lassen, bis er sich sichtbar vergrößert hat.

Für den Belag

150 g Butter	mit
75 g Zucker 1 Päckchen Vanillin-Zucker 1 EL Honig 3 EL Schlagsahne	unter Rühren langsam erhitzen, kurz aufkochen lassen
150 g abgezogene, gehobelte Mandeln	unterrühren, die Masse abkühlen lassen, dabei ab und zu umrühren, den gegangenen Teig aus der Schüssel nehmen, auf der Arbeitsfläche nochmals gut durchkneten, in einer gefetteten Fettpfanne (38 x 38 cm) ausrollen

(Fortsetzung Seite 152)

	den Belag gleichmäßig auf dem Teig verteilen (Foto 1), ihn nochmals so lange gehen lassen, bis er sich sichtbar vergrößert hat
Strom	
Ober-/Unterhitze	200 – 220 °C (vorgeheizt)
Heißluft	170 – 180 °C (nicht vorgeheizt)
Gas	Stufe 4 – 5 (vorgeheizt)
Backzeit	12 – 15 Minuten.
	Für die Füllung
	aus
2 Päckchen Pudding-Pulver Vanille-Geschmack	
750 ml (¾ l) Milch	nach Anleitung (jedoch nur mit ¾ l Milch) einen Pudding zubereiten, sofort
100 g Butter	unterrühren, den Pudding kalt stellen, ab und zu durchrühren das erkaltete Gebäck halbieren, jede Hälfte einmal waagerecht durchschneiden (Foto 2), mit der Creme füllen (Foto 3).

GEFÜLLTE SCHNITTEN

	Für den Hefeteig
200 g Weizenmehl	in eine Schüssel sieben, mit
1 Päckchen Trocken-Backhefe	sorgfältig vermischen
25 g Zucker	
1 Päckchen Vanillin-Zucker	
1 Eigelb	
1 Becher (150 g) Crème fraîche	hinzufügen
	die Zutaten mit Handrührgerät mit Knethaken zunächst auf niedrigster, dann auf höchster Stufe in etwa 3 Minuten zu einem Teig verarbeiten
	den Teig abgedeckt so lange an einem warmen Ort stehen lassen, bis er sich sichtbar vergrößert hat.

	Für den Blätterteig
1 Packung (300 g) tiefgekühlten Blätterteig	abgedeckt bei Zimmertemperatur auftauen lassen, die Platten so aneinanderlegen, daß die Kanten etwas übereinanderliegen die Platten in Größe einer Fettpfanne ausrollen, in die mit kaltem Wasser ausgespülte Fettpfanne legen, mehrmals mit einer Gabel einstechen, etwa 30 Minuten ruhen lassen
Strom	
Ober-/Unterhitze	etwa 220 °C (vorgeheizt)
Heißluft	170 – 180 °C (nicht vorgeheizt)
Gas	Stufe 4 – 5 (vorgeheizt)
Backzeit	etwa 20 Minuten die Blätterteigplatte etwas abkühlen lassen.
	Für die Füllung aus
2 Päckchen Pudding-Pulver Vanille-Geschmack 700 ml Milch 80 g Zucker	nach Anleitung (mit den hier angegebenen Zutaten) einen Pudding zubereiten, etwas abkühlen lassen.
1 Becher (250 g) Crème fraîche	unterrühren den Pudding auf den Blätterteig streichen den gegangenen Hefeteig aus der Schüssel nehmen, auf der Arbeitsfläche nochmals gut durchkneten, in Größe der Fettpfanne ausrollen, auf den Pudding legen.
	Für den Belag
100 g Margarine, z.B. Sanella, oder Butter 100 g Zucker 2 EL Milch	unter Rühren aufkochen lassen
100 g abgezogene, gehobelte Mandeln	unterruhren, etwas abkühlen lassen, die Masse gleichmäßig auf den Hefeteig streichen den Teig nochmals so lange an einem warmen Ort gehen lassen, bis er sich sichtbar vergrößert hat
Strom	
Ober-/Unterhitze	etwa 180 °C (vorgeheizt)
Heißluft	etwa 150 °C (nicht vorgeheizt)
Gas	Stufe 3 – 4 (vorgeheizt)
Backzeit	etwa 30 Minuten.

Apfel-, Streusel- oder Pflaumenkuchen

	Für den Teig
375 g Weizenmehl	in eine Rührschüssel sieben, mit
1 Päckchen Trocken-Backhefe	sorgfältig vermischen
50 g Zucker 1 Päckchen Vanillin-Zucker Salz 200 ml lauwarme Milch 50 – 75 g zerlassene, abgekühlte Margarine oder Butter	hinzufügen die Zutaten mit Handrührgerät mit Knethaken zunächst auf niedrigster, dann auf höchster Stufe in etwa 5 Minuten zu einem Teig verarbeiten den Teig abgedeckt so lange an einem warmen Ort stehen lassen, bis er sich sichtbar vergrößert hat, ihn aus der Schüssel nehmen, auf der Arbeitsfläche nochmals gut durchkneten, auf einem gefetteten Backblech ausrollen, vor den Teig einen mehrfach umgeknickten Streifen Alufolie legen.
	Für den Apfelkuchen
etwa 1½ kg Äpfel	schälen, vierteln, entkernen, in dicke Scheiben schneiden, gleichmäßig auf den Teig legen, mit
20 g abgezogenen, gesplitterten Mandeln 20 g verlesenen Rosinen	bestreuen, den Teig nochmals so lange an einem warmen Ort gehen lassen, bis er sich sichtbar vergrößert hat
Strom	
Ober-/Unterhitze	200 – 220 °C (vorgeheizt)
Heißluft	etwa 170 °C (nicht vorgeheizt)
Gas	Stufe 4 – 5 (vorgeheizt)
Backzeit	20 – 30 Minuten.
	Zum Aprikotieren
gut 3 EL Aprikosen-Konfitüre	mit
1 EL Wasser	unter Rühren aufkochen lassen, den Apfelkuchen sofort nach dem Backen damit bestreichen

(Fortsetung Seite 156)

	Für den Streuselkuchen
300 g Weizenmehl	in eine Rührschüssel sieben, mit
150 g Zucker	
1 Päckchen Vanillin-Zucker	mischen
150 – 200 g Margarine, z.B. Sanella, oder Butter	hinzufügen, alle Zutaten mit Handrührgerät mit Knethaken zu Streuseln von gewünschter Größe verarbeiten, gleichmäßig auf dem Teig verteilen den Teig nochmals so lange an einem warmen Ort gehen lassen, bis er sich sichtbar vergrößert hat
Strom	
Ober-/Unterhitze	200 – 220 °C (vorgeheizt)
Heißluft	170 – 180 °C (nicht vorgeheizt)
Gas	Stufe 4 – 5 (vorgeheizt)
Backzeit	15 – 20 Minuten.
	Für den Pflaumenkuchen
2½ kg Pflaumen	waschen, gut abtropfen lassen, mit einem Tuch abreiben, halbieren, entsteinen, schuppenförmig - mit der Innenseite nach oben - auf den Teig legen den Teig nochmals so lange an einem warmen Ort gehen lassen, bis er sich sichtbar vergrößert hat
Strom	
Ober-/Unterhitze	200 – 220 °C (vorgeheizt)
Heißluft	etwa 170 °C (nicht vorgeheizt)
Gas	Stufe 4 – 5 (vorgeheizt)
Backzeit	20 – 30 Minuten den etwas ausgekühlten Kuchen mit
Zucker	bestreuen.

GEFÜLLTER KRANZ

	Für den Teig
500 g Weizenmehl	in eine Rührschüssel sieben, mit
1 Päckchen Trocken-Backhefe	sorgfältig vermischen
100 g Zucker	
1 Päckchen Vanillin-Zucker	
Salz, 1 Ei	
200 ml lauwarme Milch	

125 g zerlassene, abgekühlte Margarine oder Butter	hinzufügen
	die Zutaten mit Handrührgerät mit Knethaken zunächst auf niedrigster, dann auf höchster Stufe in etwa 5 Minuten zu einem Teig verarbeiten
	den Teig abgedeckt so lange an einem warmen Ort stehen lassen, bis er sich sichtbar vergrößert hat, ihn aus der Schüssel nehmen, auf der Arbeitsfläche nochmals gut durchkneten, zu einem Rechteck (40 x 50 cm) ausrollen, mit
50 – 75 g weicher Margarine oder Butter	bestreichen, in der Mitte der Länge nach durchschneiden.
	Für die Füllung
75 g Korinthen	
125 g Rosinen	beide Zutaten verlesen, mit
50 g gewürfeltem Zitronat (Sukkade)	
50 g abgezogenen, gehackten Mandeln	
50 g Zucker	
1 Päckchen Vanillin-Zucker	mischen, so auf die Teigstücke streuen, daß an der durchgeschnittenen Seite je 2 cm frei bleiben, jede Teighälfte von der längeren Seite her von außen nach innen aufrollen, die Rollen umeinanderschlingen, als Kranz auf ein gefettetes Backblech legen, mit
Kondensmilch	bestreichen, die aufliegenden Rollen mit einem in Wasser getauchten Messer etwa 1 cm tief einschneiden
	den Kranz nochmals so lange an einem warmen Ort gehen lassen, bis er sich sichtbar vergrößert hat
Strom	
Ober-/Unterhitze	170 – 200 °C (vorgeheizt)
Heißluft	160 – 170 °C (nicht vorgeheizt)
Gas	Stufe 3 – 4 (vorgeheizt)
Backzeit	25 – 35 Minuten.
	Für den Guß
50 g Puderzucker	sieben, mit
etwa 1 EL heißem Wasser	glattrühren, so daß eine dickflüssige Masse entsteht
	den Kranz sofort nach dem Backen damit bestreichen.
Veränderung	200 g Marzipan-Rohmasse mit 2 Eigelb und 1 EL Wasser zu einer geschmeidigen Masse verrühren, auf den mit Fett bestrichenen Teig streichen. Den Kranz evtl. länger backen.

Buchteln

500 g Weizenmehl	in eine Rührschüssel sieben, mit
1 Päckchen Trocken-Backhefe	sorgfältig vermischen
50 g Zucker 1 Päckchen Vanillin-Zucker 4 Tropfen Backöl Zitrone Salz 1 Ei 250 ml (¼ l) lauwarme Milch 75 g zerlassene, abgekühlte Margarine oder Butter	hinzufügen die Zutaten mit Handrührgerät mit Knethaken zunächst auf niedrigster, dann auf höchster Stufe in etwa 5 Minuten zu einem Teig verarbeiten den Teig so lange an einem warmen Ort stehen lassen, bis er sich sichtbar vergrößert hat, ihn aus der Schüssel nehmen, auf der Arbeitsfläche nochmals gut durchkneten den Teig zu einer Rolle formen, in zwölf gleich große Stücke schneiden, zu Bällchen formen, in eine Auflaufform (etwa 20 x 30 cm) legen (nicht zu dicht)
50 g Butter	zerlassen, die Teigbällchen damit bestreichen, sie nochmals an einem warmen Ort gehen lassen, bis sie sich sichtbar vergrößert haben
Strom	
Ober-/Unterhitze	200 – 220 °C (vorgeheizt)
Heißluft	170 – 180 °C (nicht vorgeheizt)
Gas	Stufe 3 – 4 (nicht vorgeheizt)
Backzeit	20 – 30 Minuten, die garen Buchteln nach Belieben mit
Puderzucker	bestäuben.
Beigabe	Kompott oder Vanillesoße.
Tip	Buchteln als Kaffeegebäck oder auch als leichte, sommerliche Mittags-Mahlzeit reichen. Für gefüllte Buchteln entweder je Teigbällchen 1 TL Pflaumenmus verwenden oder für eine Haselnußfüllung 100 g Marzipan-Rohmasse mit 1 Ei verrühren, 50 g gehobelte Haselnußkerne unterrühren oder für eine Fruchtfüllung je 50 g getrocknete, gewürfelte Aprikosen und Pflaumen in 3 EL Sherry tränken (am besten über Nacht).

PUDDINGSCHNECKEN

☆ **tiefkühlgeeignet** ☆

	Für den Teig
500 g Weizenmehl	in eine Rührschüssel sieben, mit
1 Päckchen Trocken-Backhefe	sorgfältig vermischen
50 g Zucker 1 Päckchen Vanillin-Zucker Salz, 2 Eier 125 ml (⅛ l) lauwarme Milch 100 g zerlassene, abgekühlte Margarine, z.B. Sanella, oder Butter	hinzufügen, die Zutaten mit Handrührgerät mit Knethaken zunächst auf niedrigster, dann auf höchster Stufe in etwa 5 Minuten zu einem Teig verarbeiten den Teig abgedeckt so lange an einem warmen Ort stehen lassen, bis er sich sichtbar vergrößert hat.
	Für die Füllung aus
2 Päckchen Pudding-Pulver Vanille-Geschmack 750 ml (¾ l) Milch	nach Anleitung (jedoch nur mit ¾ l Milch) einen Pudding zubereiten, während des Erkaltens ab und zu durchrühren
100 g verlesene Rosinen	unterrühren den gegangenen Teig aus der Schüssel nehmen, auf der Arbeitsfläche nochmals gut durchkneten, zu einem Rechteck (40 x 60 cm) ausrollen, mit dem Pudding bestreichen, den Teig von der kurzen Seite her aufrollen, in etwa 2 cm dicke Scheiben schneiden, auf gefettete Backbleche legen, den Teig nochmals so lange an einem warmen Ort gehen lassen, bis er sich sichtbar vergrößert hat
Strom	
Ober-/Unterhitze	200 – 220 °C (vorgeheizt)
Heißluft	170 – 180 °C (nicht vorgeheizt)
Gas	Stufe 4 – 5 (vorgeheizt)
Backzeit	10 – 15 Minuten.
	Zum Aprikotieren
2 EL Aprikosen-Konfitüre	durch ein Sieb streichen, mit
1 EL Wasser	unter Rühren etwas einkochen lassen das Gebäck sofort nach dem Backen damit bestreichen.

QUARK-ÖL-TEIG

QUARK-ÖL-TEIG

Notwendige Vorarbeiten

Mehl und Backpulver mischen und sieben.
Mischen und Sieben lockern das Mehl auf und verteilen das Backpulver gleichmäßig im Mehl. Das Gebäck wird dadurch besser gelockert.

Für Quark-Öl-Teige Backbleche und -formen fetten.
Dazu am besten streichfähige Margarine oder Butter verwenden und sie gut und gleichmäßig mit einem Pinsel verteilen.

Die einzelnen Arbeitsgänge

„Das mit Backpulver gemischte, gesiebte Mehl, Quark, Milch, je nach Rezept Ei, Öl, Zucker (Honig), Vanillin-Zucker und Salz auf höchster Stufe in etwa 1 Minute verarbeiten".
Die Zutaten in der angegebenen Reihenfolge in die Rührschüssel geben. Dabei das Ei in eine Tasse aufschlagen und prüfen, ob es frisch ist.
Das Öl ist bei dieser Teigart von ausschlaggebender Bedeutung und sollte nicht durch ein festes Fett ersetzt werden. Jedes Speiseöl, das neutral im Geschmack ist, kann verwendet werden.

Den Teig mit bemehlten Händen auf der Tischplatte zu einer Rolle formen.
Falls der Teig zu weich ist, noch etwas Mehl hinzufügen, aber nicht zu viel, damit das Gebäck nicht hart wird.

Aus diesem Teig lassen sich die verschiedensten Gebäcke zubereiten. Er kann nach Belieben ausgerollt, geformt, gefüllt oder belegt werden. Für Kleingebäck den Teig gut ½ cm dick ausrollen, ihn in Vierecke teilen und diese in der Mitte mit etwas Konfitüre belegen. Die Teigstücke zu Dreiecken, Taschen usw. zusammenschlagen, mit Milch bestreichen und auf einem gefetteten Backblech backen.

Das Backen von Quark-Öl-Teigen

Alle Quark-Öl-Teige nach den Angaben unter den Rezepten backen. Wenn der Teig gebacken ist, wird das Gebäck sofort aus der Form gelöst oder vom Backblech genommen und zum Auskühlen auf einen Kuchenrost gelegt. Gebäcke aus Quark-Öl-Teig sollten möglichst frisch gegessen werden.

QUARK-ÖL-TEIG (GRUNDREZEPT)

	Teig z.B. für Gerollte Schnitten
150 g Weizenmehl	mit
4 gestrichenen TL Backin	mischen, in eine Rührschüssel sieben
75 g Speisequark	
50 ml Milch	
50 ml Speiseöl	
40 g Zucker	
1 Päckchen Vanillin-Zucker	
1 Prise Salz	
1 Fläschchen Butter-Vanille-Aroma	hinzufügen.
	Teig z.B. für Quark-Apfel-Kuchen mit Streuseln
300 g Weizenmehl	mit
1 Päckchen Backin	mischen, in eine Rührschüssel sieben
150 g Speisequark	
100 ml Milch	
100 ml Speiseöl	
80 g Zucker	
1 Päckchen Vanillin-Zucker	
1 Prise Salz	
1 Fläschchen Butter-Vanille-Aroma	hinzufügen
	die Zutaten mit Handrührgerät mit Knethaken auf höchster Stufe in etwa 1 Minute verarbeiten, anschließend auf der bemehlten Arbeitsfläche zu einer Rolle formen, evtl. ausrollen laut Anweisung weiterverarbeiten und backen.

ORANGEN-MARZIPAN-ZÖPFCHEN

☆ einfach ☆

(Foto Seite 161/162)

	Für die Füllung
200 g Marzipan-Rohmasse	mit
25 g weicher Margarine, z.B. Sanella, oder Butter	
2 EL Orangenmarmelade	mit Handrührgerät mit Rührbesen verrühren.
	Für den Teig
300 g Weizenmehl	mit
1 Päckchen Backin	mischen, in eine Rührschüssel sieben
150 g Speisequark	
6 EL Milch	
6 EL Speiseöl	
75 g Zucker	
1 Päckchen Vanillin-Zucker	
Salz	hinzufügen die Zutaten mit Handrührgerät mit Knethaken auf höchster Stufe in etwa 1 Minute verarbeiten (nicht zu lange, Teig klebt sonst), anschließend auf der bemehlten Arbeitsfläche zu einer Rolle formen den Teig zu einem Rechteck von etwa 36 x 48 cm ausrollen, in etwa 12 x 12 cm große Quadrate schneiden jeweils etwas von der Füllung auf eine Teighälfte streichen, dabei immer einen ½-1 cm breiten Rand frei lassen die Teigränder mit
verschlagenem Eiweiß	bestreichen, jeweils die unbestrichene Teighälfte über die Füllung klappen, leicht andrücken jedes Teigstück zweimal längs bis etwa 1 cm unter den oberen Rand durchschneiden, die drei zusammenhängenden Teigstreifen zu Zöpfen flechten, die Enden etwas festdrücken die Teigzöpfe auf ein mit Backpapier belegtes Backblech legen
1 Eigelb	mit
1 EL Milch	verschlagen, die Teigzöpfe damit bestreichen
Strom	
Ober-/Unterhitze	170 – 200 °C (vorgeheizt)
Heißluft	160 – 170 °C (nicht vorgeheizt)
Gas	Stufe 3 – 4 (vorgeheizt)
Backzeit	15 – 20 Minuten.

(Fortsetzung Seite 168)

Für den Guß

100 g gesiebten	
Puderzucker	mit so viel von
1 – 2 EL Orangensaft	verrühren, daß eine dickflüssige Masse entsteht die Teigzöpfchen sofort nach dem Backen damit bestreichen.

HASELNUSSZOPF

Für die Füllung

100 g gemahlene	
Haselnußkerne	in einer Pfanne unter Rühren leicht rösten, erkalten lassen
100 g Marzipan-Rohmasse	mit
1 Ei	
30 g Zucker	
1 Päckchen Vanillin-Zucker	
1 Beutel Rum-Aroma	zu einer geschmeidigen Masse verrühren, die Haselnüsse unterrühren.

Für den Teig

300 g Weizenmehl	mit
1 Päckchen Backin	mischen, in eine Rührschüssel sieben
150 g Speisequark	
6 EL Milch	
6 EL Speiseöl	
75 g Zucker	
1 Päckchen Vanillin-Zucker	
1 Fläschchen Butter-Vanille-Aroma	
Salz	hinzufügen die Zutaten mit Handrührgerät mit Knethaken auf höchster Stufe in etwa 1 Minute verarbeiten (nicht zu lange, Teig klebt sonst), anschließend auf der bemehlten Arbeitsfläche zu einer Rolle formen den Teig zu einem Rechteck von etwa 40 x 35 cm ausrollen, mit der Füllung bestreichen, am Rand etwa 1 cm Teig frei lassen, mit
Kondensmilch	bestreichen

(Fortsetzung Seite 170)

	den Teig von der längeren Seite her aufrollen die Rolle der Länge nach mit einem spitzen Messer einmal durchschneiden, darauf achten, daß die Rolle genau in der Mitte geteilt wird, damit der Zopf gleichmäßig aufgeht die beiden Teigstränge – mit der Teigseite nach unten umeinanderschlingen, als Zopf auf ein gefettetes Backblech legen, die Enden fest zusammendrücken
Strom	
Ober-/Unterhitze	etwa 170 °C (vorgeheizt)
Heißluft	140 – 150 °C (nicht vorgeheizt)
Gas	etwa Stufe 3 (vorgeheizt)
Backzeit	etwa 45 Minuten (nach etwa 25 Minuten Backzeit Zopf evtl. abdecken).
	Zum Aprikotieren
3 EL Aprikosen-Konfitüre	durch ein Sieb streichen, mit
2 EL Wasser	unter Rühren etwas einkochen lassen, den Zopf sofort nach dem Backen damit bestreichen.

Gerollte Schnitten

☆ **für Gäste** ☆

	Für den Teig
150 g Weizenmehl	mit
4 gestrichenen TL Backin	mischen, in eine Rührschüssel sieben
75 g Speisequark 50 ml (gut 3 EL) Milch 50 ml (gut 3 EL) Speiseöl 40 g Zucker 1 Päckchen Vanillin-Zucker 1 Fläschchen Butter-Vanille-Aroma Salz	hinzufügen die Zutaten mit Handrührgerät mit Knethaken auf höchster Stufe in etwa 1 Minute verarbeiten (nicht zu lange, Teig klebt sonst), anschließend auf der bemehlten Arbeitsfläche zu einer Rolle formen.

	Für die Füllung
100 g Marzipan-Rohmasse	mit
50 g Margarine, z.B. Sanella, oder Butter	
1 Eigelb	mit Handrührgerät mit Rührbesen zu einer geschmeidigen Masse verrühren
125 g verlesene Rosinen	mit
50 g gehackten Haselnußkernen	
25 g sehr fein gehacktem Zitronat (Sukkade)	
1 Messerspitze gemahlenem Zimt	
1 Fläschchen Rum-Aroma	mischen den Teig auf der leicht mit Mehl bestäubten Arbeitsfläche zu einem Quadrat (30 x 30 cm) ausrollen, mit der Marzipanmasse bestreichen die Rosinenmischung darauf verteilen, leicht andrücken den Teig aufrollen, auf ein mit Backpapier belegtes Backblech legen, der Länge nach (etwa 25 cm) etwa 2½ cm tief einschneiden, etwas auseinanderziehen, die Seiten wieder andrücken
Strom	
Ober-/Unterhitze	170 – 200 °C (vorgeheizt)
Heißluft	etwa 160 °C (nicht vorgeheizt)
Gas	Stufe 3 – 4 (vorgeheizt)
Backzeit	25 – 35 Minuten.
	Für den Guß
80 g Puderzucker	sieben, mit so viel von
1 2 EL Rum	glattrühren, daß eine dickflüssige Masse entsteht das Gebäck sofort nach dem Backen damit bestreichen, fest werden lassen, in 1 – 2 cm breite Schnitten schneiden.

JOHANNISBEER-QUARK-KUCHEN MIT BAISER

Für den Teig

300 g Weizenmehl	mit
1 Päckchen Backin	mischen, in eine Rührschüssel sieben
150 g Speisequark	
6 EL Milch	
6 EL Speiseöl	
75 g Zucker	
1 Päckchen Vanillin-Zucker	
Salz	hinzufügen die Zutaten mit Handrührgerät mit Knethaken auf höchster Stufe in etwa 1 Minute verarbeiten (nicht zu lange, Teig klebt sonst), anschließend auf der bemehlten Arbeitsfläche zu einer Rolle formen den Teig auf einem gefetteten Backblech knapp ½ cm dick ausrollen, vor den Teig einen mehrfach umgeknickten Streifen Alufolie legen.

Für den Belag

500 – 750 g Johannisbeertrauben	waschen, gut abtropfen lassen, entstielen
750 g Speisequark	mit
200 g Zucker	
1 Päckchen Vanillin-Zucker	
3 Eiern	
2 Eigelb	
50 g zerlassene Margarine oder Butter	

(Fortsetzung Seite 174)

50 g Speisestärke	verrühren
	die Johannisbeeren unter die Quarkmasse heben, auf dem Teig verteilen, glattstreichen
Strom	
Ober-/Unterhitze	170 – 200 °C (vorgeheizt)
Heißluft	160 – 170 °C (nicht vorgeheizt)
Gas	Stufe 3 – 4 (vorgeheizt)
Backzeit	etwa 25 Minuten.
	Für die Baisermasse
2 Eiweiß	steif schlagen, der Eischnee muß so fest sein, daß ein Messerschnitt sichtbar bleibt, nach und nach
100 g Zucker	eßlöffelweise unterschlagen, den Eischnee auf die Quarkmasse streichen
20 g abgezogene, gehobelte Mandeln	darüber streuen
Strom	
Ober-/Unterhitze	200 – 220 °C (vorgeheizt)
Heißluft	200 – 220 °C (nicht vorgeheizt)
Gas	Stufe 4 – 5 (vorgeheizt)
Backzeit	etwa 5 Minuten.

KIRSCH-SAHNE-TORTE ☆ **für Gäste** ☆

	Für den Teig
150 g Weizenmehl	mit
4 gestrichenen TL Backin	
10 g Kakaopulver	mischen, in eine Rührschüssel sieben
75 g Speisequark	
100 ml Milch	
50 ml (gut 3 EL) Speiseöl	
40 g Zucker	
1 Päckchen Vanillin-Zucker	
1 Fläschchen Butter-Vanille-Aroma	
Salz	hinzufügen

	die Zutaten mit Handrührgerät mit Knethaken auf höchster Stufe in etwa 1 Minute verarbeiten (nicht zu lange, Teig klebt sonst), anschließend auf der bemehlten Arbeitsfläche zu einer Rolle formen
	den Teig in eine Springform (Ø 28 cm, Boden gefettet) füllen, glattstreichen.
	Für die Füllung
370 g Sauerkirschen (aus dem Glas)	auf einem Sieb abtropfen lassen, den Saft auffangen, davon 250 ml (¼ l) abmessen
	die Sauerkirschen auf dem Teig verteilen, dabei am Rand 1 cm Teig frei lassen
Strom	
Ober-/Unterhitze	etwa 170 °C (vorgeheizt)
Heißluft	etwa 150 °C (nicht vorgeheizt)
Gas	etwa Stufe 3 (nicht vorgeheizt)
Backzeit	etwa 25 Minuten
	das Gebäck aus der Form lösen, auf einem Kuchenrost erkalten lassen
	das erkaltete Gebäck auf eine Tortenplatte legen, den Tortenring darumlegen.
	Für den Belag
500 g (2 Becher) Schlagsahne	½ Minute schlagen
2 Päckchen Sahnesteif	mit
1 EL gesiebtem Puderzucker	mischen, einstreuen, die Sahne steif schlagen, gleichmäßig auf das Gebäck streichen.
	Für den Guß
1 Päckchen Tortenguß, klar	
1 EL Zucker	
250 ml (¼ l) Kirschsaft	nach Anleitung auf dem Päckchen zubereiten, sofort über die Sahne gießen, so daß ein Muster entsteht.

QUARK-ÖL-TEIG

KOLATSCHEN

☆ einfach ☆

(20 Stück)	
	Für den Teig
400 g Weizenmehl	mit
1 Päckchen Backin	mischen, in eine Rührschüssel sieben
200 g Magerquark	
6 EL Milch	
6 EL Speiseöl	
75 g Zucker	
1 Päckchen Vanillin-Zucker	
Salz	hinzufügen die Zutaten mit Handrührgerät mit Knethaken auf höchster Stufe in etwa 1 Minute verarbeiten (nicht zu lange, Teig klebt sonst), anschließend auf der bemehlten Arbeitsfläche zu einer Rolle formen.
	Für den Quarkbelag
300 g Magerquark	mit
50 g Margarine, z.B. Sanella, oder Butter	
50 g Zucker	
30 g Speisestärke	
2 EL Zitronensaft	
1 Ei	verrühren.
	Für den Mohnbelag
1 Packung (250 g) Mohnback	verrühren.
	Für den Pflaumenmusbelag
2 EL Pflaumenmus	glattrühren den Teig in 20 Stücke schneiden, die Teigstücke rund rollen, dann von der Mitte ausgehend so flachdrücken, daß am Rand ein kleiner Wulst entsteht die Teigstücke auf ein gefettetes Backblech legen Quark-, Mohn- und Pflaumenmusbelag jeweils getrennt voneinander auf den Teigstücken verteilen, so daß sich ein Muster ergibt

(Fortsetzung Seite 178)

QUARK-ÖL-TEIG

Strom	
Ober-/Unterhitze	etwa 200 °C (vorgeheizt)
Heißluft	160 – 170 °C (nicht vorgeheizt)
Gas	Stufe 3 – 4 (vorgeheizt)
Backzeit	etwa 15 Minuten.

Zum Aprikotieren

2 gehäufte EL Aprikosen-Konfitüre	durch ein Sieb streichen, mit
1 EL Wasser	verrühren, unter Rühren etwas einkochen lassen, die erkalteten Kolatschen damit bestreichen, mit
40 g abgezogenen, gehobelten, gebräunten Mandeln	bestreuen.

QUARK-APFEL-KUCHEN MIT STREUSELN

Für den Teig

300 g Weizenmehl	mit
1 Päckchen Backin	mischen, in eine Rührschüssel sieben
150 g Speisequark	
6 EL Milch	
6 EL Speiseöl	
75 g Zucker	
1 Päckchen Vanillin-Zucker	
Salz	hinzufügen
	die Zutaten mit Handrührgerät mit Knethaken auf höchster Stufe in etwa 1 Minute verarbeiten (nicht zu lange, Teig klebt sonst), anschließend auf der bemehlten Arbeitsfläche zu einer Rolle formen
	den Teig auf einem gefetteten Backblech ausrollen, vor den Teig einen mehrfach umgeknickten Streifen Alufolie legen.

QUARK-ÖL-TEIG

	Für den Belag
1½ kg Äpfel	schälen, vierteln, entkernen, in dünne Spalten schneiden, schuppenförmig auf den Teig legen
150 g Margarine oder Butter	geschmeidig rühren, nach und nach
100 g Zucker	
½ Fläschchen Backöl Zitrone	
4 Eigelb	
850 g Magerquark	
50 g Grieß	unterrühren
4 Eiweiß	steif schlagen, unter die Quarkmasse ziehen, auf die Äpfel streichen.
	Für die Streusel
200 g Weizenmehl	mit
70 g abgezogenen, gemahlenen Mandeln	
150 g Zucker	
½ TL gemahlenem Zimt	
1 Eigelb	
150 – 200 g Margarine, z.B. Sanella, oder Butter	in eine Schüssel geben, mit Handrührgerät mit Knethaken zu Streuseln von gewünschter Größe verarbeiten, gleichmäßig auf der Quarkmasse verteilen
Strom	
Ober-/Unterhitze	etwa 170 °C (vorgeheizt)
Heißluft	etwa 150 °C (nicht vorgeheizt)
Gas	etwa Stufe 3 (vorgeheizt)
Backzeit	etwa 1 Stunde.
Tip	Anstelle der Streusel 50 g abgezogene, gehobelte Mandeln und 50 g Rosinen auf der Quarkmasse verteilen.

BRANDTEIG

BRANDTEIG

Notwendige Vorarbeiten

Brandteig auf einem leicht gefetteten, mit Mehl bestäubten Backblech backen.
Etwas Mehl auf eine Seite des Bleches sieben. Damit das Mehl gleichmäßig und in nicht zu dicker Schicht auf dem Backblech liegt, das Backblech mit der nicht bemehlten Seitenkante auf den Tisch schlagen und das überflüssige Mehl entfernen.

Mehl und Speisestärke sieben.
Das Mischen und Sieben von Mehl (Vollkornmehl nicht sieben) und Speisestärke lockert die beiden Zutaten auf und verteilt sie gleichmäßig miteinander. Für den nächsten Arbeitsgang ist es sinnvoll, die beiden Zutaten auf ein Stück Pergamentpapier zu sieben.

Bei Verwendung von Vollkornmehl das Mehl abgewogen bereit stellen.

Die einzelnen Arbeitsgänge

„Wasser und Fett, am besten in einem Stieltopf, zum Kochen bringen. Dann den Topf von der Kochstelle nehmen, das mit Speisestärke gemischte und gesiebte Mehl auf einmal hineinschütten..."
Wichtig dabei ist, daß das Mehl-Speisestärke-Gemisch beim Kochen nicht klumpt. Deswegen das kochende Wasser von der Kochstelle nehmen und das mit Speisestärke gesiebte Mehl auf einmal hineingeben, es niemals langsam einstreuen.

„... zu einem glatten Kloß rühren..."
Sobald Mehl und Speisestärke in das heiße Wasser gegeben werden, kräftig rühren, und zwar so lange, bis ein glatter Kloß entstanden ist.

„... und diesen unter Rühren noch etwa 1 Minute erhitzen..."
Durch dieses Erhitzen (Abbrennen) wird der Teig fester. Ein Zeichen für genügend langes Abbrennen des Teiges ist eine dünne Haut am Boden des Topfes. Das Abbrennen geschieht bei starker Hitze.

„... Den heißen Kloß sofort in eine Schüssel geben..."
Zur weiteren Verarbeitung des Teiges mit den Knethaken des Handrührgerätes empfiehlt es sich, den Teigkloß in eine Schüssel zu geben, da er sich so besser weiterverarbeiten läßt.

„... und nach und nach die Eier auf höchster Stufe unterarbeiten..."
Die Eier werden in den heißen Teig gegeben. Jedes Ei wird in eine Tasse aufgeschlagen und geprüft, ob es gut ist. Die Eier nach und nach in den Teig rühren, weil sie sich dann besser unterarbeiten lassen.

„... Weitere Eizugabe erübrigt sich, wenn der Teig stark glänzt und so von einem Löffel abreißt, daß lange Spitzen hängenbleiben..."
Da die Größe der Eier verschieden ist, nach der Zugabe des vorletzten Eies die Teigbeschaffenheit prüfen. Sollte der Teig schon stark glänzen und so vom Löffel abreißen, daß lange Spitzen hängenbleiben, darf kein Ei mehr zugegeben werden; denn zu weicher Teig ergibt breitgelaufenes Gebäck. Andernfalls das letzte Ei verschlagen und davon nur so viel wie notwendig in den Teig geben.

„... Danach das Backpulver in den erkalteten Teig geben."
Backpulver darf niemals vor dem Backen mit warmen Zutaten zusammengebracht werden, da seine Triebkraft dann vorzeitig ausgelöst und das Gebäck nicht lockern würde. Deswegen wird das Backpulver bei Brandteig nicht mit dem Mehl gemischt, sondern zuletzt unter den Teig gearbeitet.

Sollen von dem Teig z. B. Windbeutel gebacken werden, den Teig mit zwei Teelöffeln in Häufchen auf ein vorbereitetes Backblech setzen oder ihn mit einem Spritzbeutel aufspritzen. Soll der Teig in Fett ausgebacken werden, dann wird er mit zwei Teelöffeln abgestochen oder in Form von Kränzchen auf gefettete Papierstückchen gespritzt und in das heiße Fett gegeben.

Das Backen von Brandteigen

Alle Brandteige werden nach den Angaben unter den folgenden Rezepten gebacken. Erst gegen Ende der Backzeit darf der Backofen vorsichtig geöffnet und nach dem Gebäck gesehen werden, da es sonst leicht zusammenfällt. Wird der Teig in Fett ausgebacken, sollte dieses vorher genügend erhitzt werden, damit das Gebäck nicht zu viel Fett aufnehmen kann. Das Ausbackfett hat den richtigen Hitzegrad, wenn sich um einen in das Fett gehaltenen Holzlöffelstiel kleine Blasen bilden (siehe Fettgebäck Seite 228).

BRANDTEIG (GRUNDREZEPT)

125 ml (⅛ l) Wasser	
25 g Margarine,	
z.B. Sanella, oder Butter	am besten in einem Stieltopf zum Kochen bringen
75 g Weizenmehl	mit
15 g Speisestärke	mischen, sieben, auf einmal in die von der Kochstelle genommene Flüssigkeit schütten, zu einem glatten Kloß rühren, unter Rühren etwa 1 Minute erhitzen, den heißen Kloß sofort in eine Schüssel geben, nach und nach
2 – 3 Eier	mit Handrührgerät mit Knethaken auf höchster Stufe unterarbeiten, weitere Eizugabe erübrigt sich, wenn der Teig stark glänzt und so von einem Löffel abreißt, daß lange Spitzen hängenbleiben
1 Messerspitze	
Backin	in den erkalteten Teig arbeiten weitere Zubereitung und Backen je nach Rezept.

WINDBEUTEL ☆ schnell ☆

	Für den Teig
125 ml (⅛ l) Wasser	
25 g Margarine	
oder Butter	am besten in einem Stieltopf zum Kochen bringen
75 g Weizenmehl	mit
15 g Speisestärke	mischen, sieben, auf einmal in die von der Kochstelle genommene Flüssigkeit schütten, zu einem glatten Kloß rühren, unter Rühren etwa 1 Minute erhitzen, den heißen Kloß sofort in eine Schüssel geben, nach und nach
2 – 3 Eier	mit Handrührgerät mit Knethaken auf höchster Stufe unterarbeiten, weitere Eizugabe erübrigt sich, wenn der Teig stark glänzt und so von einem Löffel abreißt, daß lange Spitzen hängenbleiben

1 Messerspitze Backin	in den erkalteten Teig arbeiten, mit zwei Löffeln oder mit einem Spritzbeutel acht Teighäufchen auf ein gefettetes, mit Weizenmehl bestäubtes Backblech setzen
Strom	
Ober-/Unterhitze	200 – 220 °C (vorgeheizt)
Heißluft	170 – 180 °C (nicht vorgeheizt)
Gas	Stufe 4 – 5 (vorgeheizt)
Backzeit	25 – 30 Minuten während der ersten 15 Minuten Backzeit die Backofentür nicht öffnen, da sonst das Gebäck zusammenfällt sofort nach dem Backen von jedem Windbeutel einen Deckel abschneiden.
	Für die Füllung
250 g Johannisbeeren (vorbereitet gewogen)	mit
30 g Puderzucker	bestäuben
125 g Speisequark	mit
2 EL Johannisbeer-Likör	
1 TL Zitronensaft	verrühren
250 g (1 Becher) Schlagsahne	mit
1 Päckchen Sahnesteif	
1 Päckchen Vanillin-Zucker	steif schlagen, Quarkmasse und Johannisbeeren unterheben
50 g Mandelstifte	leicht anrösten, unterheben die Füllung auf die Windbeutel verteilen, die Deckel [illegible]der auflegen, mit
Puderzucker	bestäuben.

FLOCKENTORTE

☆ für Gäste ☆

(Foto Seite 180 / 181)

Für den Knetteig

150 g Weizenmehl — in eine Rührschüssel sieben
40 g Zucker
1 Päckchen Vanillin-Zucker
100 g Margarine, z.B. Sanella, oder Butter — hinzufügen

die Zutaten mit Handrührgerät mit Knethaken zunächst kurz auf niedrigster, dann auf höchster Stufe gut durcharbeiten, anschließend auf der Arbeitsfläche zu einem glatten Teig verkneten, sollte er kleben, ihn eine Zeitlang kalt stellen
den Teig auf dem gefetteten Boden einer Springform (Ø 28 cm) ausrollen, mehrmals mit einer Gabel einstechen, den Springformring darumlegen

Strom
Ober-/Unterhitze — 200 – 220 °C (vorgeheizt)
Heißluft — 170 – 180 °C (nicht vorgeheizt)
Gas — Stufe 3 – 4 (vorgeheizt)
Backzeit — etwa 15 Minuten

sofort nach dem Backen das Gebäck vom Springformboden lösen, erkalten lassen, auf eine Tortenplatte legen.

Für den Brandteig

125 ml (⅛ l) Wasser
25 g Butter oder Margarine — am besten in einem Stieltopf zum Kochen bringen
75 g Weizenmehl — mit
15 g Speisestärke — mischen, sieben, auf einmal in die von der Kochstelle genommene Flüssigkeit schütten, zu einem glatten Kloß rühren, unter Rühren etwa 1 Minute erhitzen, den heißen Kloß sofort in eine Rührschüssel geben, nach und nach
2 – 3 Eier — mit Handrührgerät mit Knethaken auf höchster Stufe unterarbeiten, weitere Eizugabe erübrigt sich, wenn der Teig stark glänzt und so von einem Löffel abreißt, daß lange Spitzen hängenbleiben
1 Messerspitze Backin — in den erkalteten Teig arbeiten

	aus dem Teig drei Böden backen, dazu jeweils ein Drittel des Teiges auf einen gefetteten, mit Weizenmehl bestäubten Springformboden (Ø 28 cm) streichen (darauf achten, daß die Teiglage am Rand nicht zu dünn ist, damit der Boden dort nicht zu dunkel wird)
	jeden Boden ohne Springformrand backen, bis er hellbraun ist
Strom	
Ober-/Unterhitze	200 – 220 °C (vorgeheizt)
Heißluft	170 – 180 °C (nicht vorgeheizt)
Gas	Stufe 4 – 5 (vorgeheizt)
Backzeit	20 – 25 Minuten
	sofort nach dem Backen die Böden lösen, einzeln auf einem Kuchenrost erkalten lassen (wichtig, da der Dampf entweichen muß).

Für die Füllung

250 g entsteinte, gedünstete Sauerkirschen	abtropfen lassen, den Saft auffangen
	250 ml (¼ l) von dem Saft abmessen (evtl. mit Wasser ergänzen)
30 g Speisestärke	mit 4 Eßlöffeln von dem Saft anrühren, den übrigen Saft zum Kochen bringen, die Speisestärke unter Rühren in den von der Kochstelle genommenen Saft geben, kurz aufkochen lassen, die Kirschen unterrühren, kalt stellen, evtl. mit
Zucker	abschmecken
500 g (2 Becher) Schlagsahne	½ Minute schlagen
25 g Puderzucker	sieben, mit
1 Päckchen Vanillin-Zucker	
2 Päckchen Sahnesteif	mischen, einstreuen, die Sahne steif schlagen
	den Knetteigboden dünn mit
rotem Johannisbeer-Gelee	bestreichen, mit einem Brandteigboden bedecken, diesen zunächst mit der Hälfte der Kirschmasse, dann mit etwa einem Drittel der Sahne bestreichen, darauf den zweiten Brandteigboden legen, mit der restlichen Kirschmasse und Sahne bestreichen, den dritten Boden zerbröckeln, auf der Sahne verteilen, mit
Puderzucker	bestäuben.

PROFITEROLES

☆ einfach ☆

	Für den Teig
125 ml (⅛ l) Wasser	
50 g Margarine	
oder Butter	am besten in einem Stieltopf zum Kochen bringen
125 g Weizenmehl	sieben, auf einmal in die von der Kochstelle genommene Flüssigkeit schütten, zu einem glatten Kloß rühren, unter Rühren etwa 1 Minute erhitzen, den heißen Kloß sofort in eine Rührschüssel geben, nach und nach
2 – 3 Eier	mit Handrührgerät mit Knethaken auf höchster Stufe unterarbeiten, weitere Eizugabe erübrigt sich, wenn der Teig stark glänzt und so von einem Löffel abreißt, daß lange Spitzen hängenbleiben
1 Messerspitze	
Backin	in den erkalteten Teig arbeiten
	den Teig in einen Spritzbeutel mit kleiner Sterntülle füllen, kleine Tuffs auf ein gefettetes, mit Weizenmehl bestäubtes Backblech spritzen (Foto 1)
Strom	
Ober-/Unterhitze	200 – 220 °C (vorgeheizt)
Heißluft	170 – 180 °C (nicht vorgeheizt)
Gas	Stufe 4 – 5 (vorgeheizt)
Backzeit	etwa 20 Minuten
	Gebäck gut auskühlen lassen.

(Fortsetzung Seite 192)

Für die Füllung

250 g (1 Becher)	
Schlagsahne	mit
1 Päckchen Sahnesteif	nach Anleitung steif schlagen
2 EL Kirschwasser	unterrühren
	Sahnemasse in einen Spritzbeutel (kleine Lochtülle) füllen, vorsichtig ein Loch in den Boden der Profiteroles stoßen, sie mit der Sahnemasse füllen (Foto 2).

Für den Guß

100 g Halbbitter-Kuvertüre	
100 g weiße Kuvertüre	
	jede Kuvertüre für sich mit
etwas Kokosfett	in einem kleinen Topf im Wasserbad bei schwacher Hitze geschmeidig rühren
	die Profiteroles mit Hilfe einer Gabel in den Guß tauchen, nach Belieben mit Guß verzieren (Foto 3).

Eclairs oder Liebesknochen

☆ einfach ☆

Für den Teig

125 ml (⅛ l) Wasser	
25 g Margarine,	
z.B. Sanella, oder Butter	am besten in einem Stieltopf zum Kochen bringen
75 g Weizenmehl	mit
15 g Speisestärke	mischen, sieben, auf einmal in die von der Kochstelle genommene Flüssigkeit schütten, zu einem glatten Kloß rühren, unter Rühren etwa 1 Minute erhitzen, den heißen Kloß sofort in eine Rührschüssel geben, nach und nach
2 – 3 Eier	mit Handrührgerät mit Knethaken auf höchster Stufe unterarbeiten, weitere Eizugabe erübrigt sich, wenn der Teig stark glänzt und so von einem Löffel abreißt, daß lange Spitzen hängenbleiben

1 Messerspitze Backin	in den erkalteten Teig arbeiten, ihn in einen Spritzbeutel (große gezackte Tülle) füllen, etwa 6 cm lange Streifen auf ein gefettetes, mit Weizenmehl bestäubtes Backblech spritzen oder jeweils zwei fingerlange Streifen nebeneinander, einen dritten darauf spritzen
Strom	
Ober-/Unterhitze	200 – 220 °C (vorgeheizt)
Heißluft	170 – 180 °C (nicht vorgeheizt)
Gas	Stufe 4 – 5 (vorgeheizt)
Backzeit	etwa 20 Minuten sofort nach dem Backen von jedem Eclair einen Deckel abschneiden.
	Zum Aprikotieren
etwas Aprikosen-Konfitüre	durch ein Sieb streichen, unter Rühren erhitzen, die Gebäckdeckel dünn damit bestreichen.
	Für die Füllung
75 g Nuß-Nougat	in einem kleinen Topf im Wasserbad bei schwacher Hitze zu einer geschmeidigen Masse verrühren, etwas abkühlen lassen
250 g (1 Becher) Schlagsahne	½ Minute schlagen
1 Päckchen Sahnesteif	einstreuen, die Sahne steif schlagen, die Nougatmasse eßlöffelweise vorsichtig unterrühren die Nougat-Sahne in einen Spritzbeutel (gezackte Tülle) füllen, in die Eclairs spritzen, auf jeden einen Deckel legen.

STRUDELTEIG

STRUDELTEIG

Notwendige Vorarbeiten

Strudelteig ist etwas für Feinschmecker, die wenig knusprigen Teig, dafür aber viel Füllung mögen.
Mit der richtigen Technik beim Ausziehen des Teiges über den Handrücken, die im übrigen nicht so schwer ist wie allgemein angenommen, läßt sich eine leckere Backspezialität zubereiten.
Für die Zubereitung des Teiges, die Zutaten genau abwiegen, und das Backblech oder die Fettfangschale sorgfältig einfetten.
Wird der Strudelteig mit Ei zubereitet, so schlägt man das Ei in eine Tasse auf, um zu kontrollieren, ob es frisch ist.
Zum Ruhen benötigt der Teig eine recht heiße Umgebung. Deshalb in einem Kochtopf Wasser kochen, damit der Topf die Wärme aufnimmt. Anschließend das Wasser abgießen und den Topf trocknen lassen.

Die einzelnen Arbeitsgänge:

„Das Mehl in eine Rührschüssel sieben (geben) und in die Mitte eine Vertiefung eindrücken."
Salz, das Ei oder nur Salz, Wasser und Öl hineingeben.

„Die Zutaten mit den Knethaken des Handrührgerätes oder der Küchenmaschine zunächst kurz auf niedrigster, dann auf höchster Stufe gut durcharbeiten."
Der Teig muß elastisch, aber nicht zu weich oder klebrig sein. Deshalb evtl. noch etwas Mehl einarbeiten.

„Wenn der Teig gut durchgeknetet ist, wird er zu einem großen Kloß geformt."
Anschließend den Teig auf Pergamentpapier in den heißen, trockenen Kochtopf legen, mit einem Deckel schließen, ½ Stunde ruhen lassen.

„Den ruhenden Teig auf einem bemehlten, großen Küchentuch ausrollen, dünn mit etwas Speiseöl bestreichen."
Über den Handrücken den Teig zu einem Rechteck ausziehen (ca. 50 x 70 cm), bis er durchsichtig ist (das Muster des Küchentuches muß durch den Teig sichtbar sein). Vor und während dem Backen, den Strudel immer wieder mit Öl bestreichen. Der Strudel wird dadurch saftiger.

Strudelteig (Grundrezept)

	Für Strudelteig mit Ei
250 g Weizenmehl	in eine Rührschüssel sieben
1 Prise Salz 100 ml lauwarmes Wasser 1 kleines Ei 1 EL Speiseöl	hinzufügen oder
	Für Strudelteig ohne Ei
200 g Weizenmehl	in eine Rührschüssel sieben
1 Prise Salz 75 ml (5 EL) lauwarmes Wasser 50 ml (3 EL) Speiseöl	hinzufügen alle Zutaten mit Handrührgerät mit Knethaken zunächst kurz auf niedrigster, dann auf höchster Stufe gut durcharbeiten, anschließend auf der Arbeitsfläche zu einem glatten Teig verkneten, sollte er kleben, ihn eine Zeitlang kalt stellen den Teig auf Pergamentpapier in einen heißen, trockenen Kochtopf legen (vorher Wasser darin kochen), mit einem Deckel verschließen, etwa 30 Minuten ruhen lassen den Teig auf einem bemehlten großen Tuch (Küchentuch) ausrollen, dünn mit etwas von
50 g zerlassener Margarine, z.B. Sanella, oder Butter oder etwas Speiseöl	bestreichen, den Teig anheben, über den Handrücken zu einem Rechteck (50 x 70 cm) ausziehen, er muß durchsichtig sein, die Ränder, wenn sie dicker sind, abschneiden den Teig mit etwas von dem Fett bestreichen weitere Zubereitung und Backen je nach Rezept.

Wiener Apfelstrudel

(Foto Seite 194 / 195)

	Für den Teig
200 g Weizenmehl	in eine Rührschüssel sieben
Salz 75 ml (5 EL) lauwarmes Wasser 50 g zerlassene Margarine oder Butter oder 3 EL Speiseöl	hinzufügen alle Zutaten mit Handrührgerät mit Knethaken zunächst kurz auf niedrigster, dann auf höchster Stufe gut durcharbeiten, anschließend auf der Arbeitsfläche zu einem glatten Teig verkneten, sollte er kleben, ihn eine Zeitlang kalt stellen den Teig auf Pergamentpapier in einen heißen, trockenen Kochtopf legen (vorher Wasser darin kochen), mit einem Deckel verschließen, etwa 30 Minuten ruhen lassen.
	Für die Füllung
1 – 1½ kg Äpfel	schälen, vierteln, entkernen, in feine Stifte schneiden
½ Fläschchen Rum-Aroma 3 Tropfen Backöl Zitrone	untermischen
50 g Rosinen	verlesen
75 g Margarine oder Butter	zerlassen den Teig auf einem bemehlten großen Tuch (Tischtuch) ausrollen, dünn mit etwas von der Butter bestreichen, ihn dann mit den Händen zu einem Rechteck (50 x 70 cm) ausziehen, (er muß durchsichtig sein), die Ränder, wenn sie dicker sind, abschneiden zwei Drittel der Butter auf den Teig streichen
50 g Semmelbrösel	auf den Teig streuen (an den kürzeren Seiten etwa 3 cm Teig frei lassen) nacheinander Äpfel, Rosinen,
100 g Zucker 1 Päckchen Vanillin-Zucker 50 g abgezogene, gehackte Mandeln	darauf verteilen, die freigebliebenen Teigränder auf die Füllung schlagen, den Teig von der längeren Seite her, mit der

(Fortsetzung Seite 200)

	Füllung beginnend, aufrollen, an den Enden gut zusammendrücken
	auf ein gefettetes Backblech legen, mit Fett bestreichen
Strom	
Ober-/Unterhitze	170 – 200 °C (vorgeheizt)
Heißluft	160 – 170 °C (nicht vorgeheizt)
Gas	Stufe 3 – 4 (vorgeheizt)
Backzeit	45 – 55 Minuten
	während des Backens den Strudel mit der restlichen Margarine oder Butter bestreichen.
Abwandlung	Anstelle eines großen zwei kleine Strudel backen.

KIRSCHBEUTELCHEN

	Für den Teig
250 g Weizenmehl	in eine Rührschüssel sieben
Salz	
100 ml lauwarmes Wasser	
1 kleines Ei	
1 EL Speiseöl	hinzufügen
	die Zutaten mit Handrührgerät mit Knethaken zunächst kurz auf niedrigster, dann auf höchster Stufe gut durcharbeiten, anschließend auf der Arbeitsfläche zu einem glatten Teig verkneten, sollte er kleben, ihn eine Zeitlang kalt stellen
	den Teig auf Pergamentpapier in einen heißen, trockenen Kochtopf legen (vorher Wasser darin kochen), mit einem Deckel verschließen, etwa 30 Minuten ruhen lassen.
	Für die Füllung
60 g Margarine	
oder Butter	zerlassen, abkühlen lassen, mit
2 Eigelb	verrühren
100 g Marzipan-Rohmasse	in kleine Würfel schneiden
370 g Sauerkirschen	
(aus dem Glas)	zum Abtropfen auf ein Sieb geben
30 g Löffelbiskuits	fein zerbröseln
50 g abgezogene,	
gemahlene Mandeln	bereitstellen

(Fortsetzung Seite 202)

	den Teig auf einem bemehlten großen Tuch (Tischtuch) dünn ausrollen, ihn dann mit den Händen zu einem Rechteck (etwa 65 x 45 cm) ausziehen (er muß durchsichtig sein), die Ränder, wenn sie dicker sind, abschneiden
	den Teig in Quadrate (12 x 12 cm) schneiden, mit der Butter-Eigelb-Masse bestreichen, mit Biskuitbröseln und Mandeln bestreuen, mit Kirschen und Marzipanwürfeln belegen (pro Quadrat 4 – 5 Kirschen), den Teig so über der Füllung zusammendrücken, daß kleine Beutel entstehen, auf ein gefettetes Backblech legen, mit etwas von
50 g zerlassener Margarine oder Butter	bestreichen
	die Beutelchen während des Backens mit dem restlichen Fett bestreichen
Strom	
Ober-/Unterhitze	etwa 160 °C (vorgeheizt)
Heißluft	170 – 180 °C (nicht vorgeheizt)
Gas	Stufe 3 – 4 (vorgeheizt)
Backzeit	etwa 10 Minuten
	die Beutelchen – warm oder kalt – servieren, vorher mit
Puderzucker	bestäuben.
Beigabe	Abgeschlagene Vanillesoße
Tip	Marzipan selbst herstellen: 80 g Mandeln enthäuten, mit 80 g Puderzucker mahlen, mit etwas Rosenwasser zu einer glatten Masse verkneten.

TOPFENSTRUDEL (QUARKSTRUDEL)

	Für den Teig
125 g Weizenmehl	in eine Rührschüssel sieben
Salz, 1 Ei 2 EL lauwarmes Wasser knapp 2 EL Speiseöl	hinzufügen
	die Zutaten mit Handrührgerät mit Knethaken zunächst kurz auf niedrigster, dann auf höchster Stufe gut durcharbeiten, anschließend auf der Arbeitsfläche zu einem glatten Teig verkneten, sollte er kleben, ihn eine Zeitlang kaltstellen

den Teig auf Pergamentpapier in einen heißen trockenen Kochtopf legen (vorher Wasser darin kochen), mit einem Deckel verschließen, etwa 30 Minuten ruhen lassen.

Für die Füllung

40 g Margarine, z.B. Sanella, oder Butter	geschmeidig rühren, nach und nach
40 g Zucker 1 Ei 1 EL Zitronensaft 180 g Speisequark 1 Päckchen Dessert Soße Vanille-Geschmack 2 EL Schlagsahne	unterrühren den Teig auf einem bemehlten Küchentuch dünn ausrollen, mit den Händen zu einem Rechteck (60 x 40 cm) ausziehen (er muß durchsichtig sein), die dickeren Ränder abschneiden den Teig mit etwas von
40 g weicher Margarine oder Butter	bepinseln, auf zwei Drittel des Teiges die Füllung streichen (an den Seiten etwa 3 cm Teig frei lassen), mit
50 g verlesenen Rosinen	bestreuen
420 g Aprikosenhälften (aus der Dose)	gut abtropfen lassen, in kleine Stücke schneiden, auf die Quarkmasse streuen die freigelassenen Teigstreifen auf die Füllung klappen den Teig mit Hilfe des Tuches, mit der Füllung beginnend, aufrollen, an den Enden gut zusammendrücken, den Strudel auf ein gefettetes Backblech legen, mit etwas Fett bepinseln
Strom	
Ober-/Unterhitze	170 – 200 °C (vorgeheizt)
Heißluft	160 – 170 °C (nicht vorgeheizt)
Gas	Stufe 3 – 4 (vorgeheizt)
Backzeit	40 – 50 Minuten nach 30 Minuten Backzeit den Strudel mit dem restlichen Fett bestreichen den Strudel abkühlen lassen, nach Belieben mit
Puderzucker	bestäuben.
Tip	Den Strudel nach Belieben mit Vanillesoße servieren.

ZWILLINGSTEIG

Für den Hefeteig

Mehl in eine Rührschüssel sieben (bei Verwendung von Vollkornmehl nicht sieben), Hefe gleichmäßig unterrühren.
Alle trockenen Zutaten (Zucker, Vanillin-Zucker, Salz) hinzufügen.

Alle übrigen im Rezept angegebenen Zutaten (Crème fraîche, Milch, Ei) zu dem Mehl geben.
Nur bei Wärme entfaltet Hefe ihre volle Triebkraft – vor allem die Flüssigkeit (Milch) sollte etwa 37 °C haben (handwarm). Zweckmäßigerweise wird die Flüssigkeit während des Rührens nach und nach hinzugegeben; so teilt sich die Wärme gleichmäßig mit.
Zutaten zunächst kurz auf niedrigster, dann auf höchster Stufe in etwa 5 Minuten verarbeiten.
Der Teig muß glatt sein.

Teig abgedeckt (mit Geschirrtuch oder Klarsichtfolie) an einem warmen Ort solange stehen lassen, bis er sich sichtbar vergrößert hat.
Hefeteige nicht sofort nach der Zubereitung backen, sondern vorher genügend aufgehen lassen. Sie an einen warmen Ort stellen, z.B. Gas- oder Elektroherd.
Gas: Auf Stufe 8 drei Minuten vorheizen. Flamme ausdrehen. Strom: 50 °C einschalten, Schüssel mit Teig so lange in den Herd hineinstellen, bis er sich sichtbar vergrößert hat. Backofentür mit einem Holzlöffel geöffnet halten.

Für den Knetteig

Mehl in eine Rührschüssel sieben und die Margarine hinzufügen.
Sieben lockert das Mehl auf. Bei Verwendung von Vollkornmehl nicht sieben.

Zutaten zunächst auf niedrigster Stufe kurz, dann auf höchster Stufe gut durcharbeiten. Auf der Arbeitsfläche mit den Händen zu glattem Teig verkneten.
Die Zutaten lassen sich am besten verarbeiten, wenn das Fett weich ist. Deshalb das zu verarbeitende Fett rechtzeitig aus dem Kühlschrank nehmen.

Für den Zwillingsteig

Anschließend beide Teige mit den Händen auf der mit Weizenmehl bestäubten Arbeitsfläche zu einem glatten Teig verkneten.
Dabei nicht zu viel Mehl auf die Arbeitsfläche sieben, damit der Teig nicht brüchig wird. Teig mit geschlossenen, flachen Händen schnell verkneten. Teig auf einem Backblech ausrollen. Teig dann weiterverarbeiten wie im Rezept angegeben.

ZWILLINGSTEIG (GRUNDREZEPT)

Für den Hefeteig

250 g Weizenmehl 1 Päckchen Trocken-Backhefe	sorgfältig vermischen
25 g Zucker 1 Päckchen Vanillin-Zucker 1 Prise Salz 1 Ei 125 ml (⅛ l) lauwarme Milch oder 150 g (1 Becher) Crème fraîche	hinzufügen die Zutaten mit Handrührgerät mit Knethaken zunächst auf niedrigster, dann auf höchster Stufe in etwa 5 Minuten zu einem Teig verarbeiten den Teig abgedeckt so lange an einem warmen Ort stehen lassen, bis er sich sichtbar vergrößert hat.

Für den Knetteig

100 g Weizenmehl	in eine Rührschüssel sieben
25 g Zucker 1 Päckchen Vanillin-Zucker 1 Prise Salz 50 g Margarine, z.B. Sanella, oder Butter	hinzufügen die Zutaten mit Handrührgerät mit Knethaken zunächst kurz auf niedrigster, dann auf höchster Stufe gut durcharbeiten, anschließend auf der Arbeitsfläche zu einem glatten Teig verkneten den gegangenen Hefeteig aus der Schüssel nehmen, auf der Arbeitsfläche nochmals gut durchkneten, mit dem Knetteig gut verkneten den Teig je nach Rezept in der Backform oder auf dem Backblech nochmals gehen lassen nach Anleitung backen.

HASELNUSSBROT

	Für den Zwillingsteig
	nach dem Grundrezept Seite 208 mit
125 ml (1/8 l) Milch	einen Zwillingsteig zubereiten.
	Für die Füllung
100 g gemahlene Haselnußkerne	
100 g grobgehackte Haselnußkerne	mit
50 g Zucker	
1 Beutel unser Bestes Vanille-Aroma	
1 Ei	
3 – 4 EL Wasser	zu einer geschmeidigen Masse verrühren
	den gegangenen Hefeteig und den Knetteig gut miteinander verkneten
	den Teig zu einem Rechteck (30 x 45 cm) ausrollen, die Füllung darauf streichen
	den Teig von der kürzeren Seite her zur Mitte hin aufrollen, die andere Seite ebenfalls zur Mitte hin aufrollen, das Teigstück in eine gefettete, gemehlte Kastenform (30 x 11 cm) geben, nochmals an einem warmen Ort gehen lassen, bis es sich sichtbar vergrößert hat, es mit
Kondensmilch	bestreichen
Strom	
Ober- und Unterhitze	170 – 200° C (vorgeheitzt)
Heißluft	160 – 180° C (nicht vorgeheitzt)
Gas	3 – 4 (nicht vorgeheizt)
Backzeit	35 – 40 Minuten.

APRIKOSEN-ROSETTEN-KUCHEN

	Für die Füllung
125 g getrocknete Aprikosen	in feine Würfel schneiden, mit
75 ml (5 EL) Rum	vermengen, am besten über Nacht stehen lassen
	Pudding aus
1 Päckchen Pudding-Pulver Vanille-Geschmack	
375 ml (3/8 l) Milch	nach Anleitung (jedoch nur mit 375 ml Milch) zubereiten, etwas abkühlen lassen
1 Päckchen Bourbon Vanille Zucker	
125 g (1 Becher) Crème double	und die eingeweichten Aprikosen unterrühren, den Pudding erkalten lassen, ab und zu durchrühren.
	Für den Hefeteig
275 g Weizenmehl	in eine Rührschüssel sieben, mit
1 Päckchen Trocken-Backhefe	sorgfältig vermischen
75 g Zucker	
1 Päckchen Vanillin-Zucker	
½ Fläschchen Backöl Zitrone	
Salz, 1 Ei	
1 Becher (150 g) Crème fraîche	
4 EL (60 ml) lauwarme Milch	hinzufügen
	die Zutaten mit Handrührgerät mit Knethaken zunächst auf niedrigster, dann auf höchster Stufe in etwa 3 Minuten zu einem Teig verarbeiten
	den Teig abgedeckt so lange an einem warmen Ort stehen lassen, bis er sich sichtbar vergrößert hat.
	Für den Knetteig
100 g Weizenmehl	in eine Rührschüssel sieben
30 g Zucker	
1 Päckchen Vanillin-Zucker	

(Fortsetzung Seite 212)

Salz	
60 g Margarine,	
z.B. Sanella, oder Butter	hinzufügen
	die Zutaten mit Handrührgerät mit Knethaken zunächst kurz auf niedrigster, dann auf höchster Stufe gut durcharbeiten, anschließend auf der Arbeitsfläche zu einem glatten Teig verkneten
	den gegangenen Hefeteig aus der Schüssel nehmen, auf der Arbeitsfläche nochmals gut durchkneten, mit dem Knetteig gut verkneten, den Teig zu einem Rechteck (50 x 30 cm) ausrollen, mit der Füllung bestreichen (1 cm Teig am Rand frei lassen), den Teig von der längeren Seite her aufrollen
	die Rolle in 3 cm breite Stücke schneiden, nebeneinander in eine Springform (Ø 28 cm, Boden gefettet) geben
	den Teig nochmals so lange an einem warmen Ort gehen lassen, bis er sich sichtbar vergrößert hat
Strom	
Ober-/Unterhitze	170 – 200 °C (vorgeheizt)
Heißluft	160 – 170 °C (nicht vorgeheizt)
Gas	Stufe 3 – 4 (vorgeheizt)
Backzeit	45 – 50 Minuten
	den Kuchen aus der Form lösen.
	Zum Aprikotieren
2 EL Aprikosen-Konfitüre	durch ein Sieb streichen, mit
2 EL Wasser	unter Rühren etwas einkochen lassen, den Kuchen sofort nach dem Backen damit bestreichen, nach Belieben mit
gemahlenen Pistazien	bestreuen.

Vanille-Kirsch-Kuchen

(Foto Seite 204/205)

	Für den Hefeteig
250 g Weizenmehl	in eine Rührschüssel sieben, mit
1 Päckchen Trocken-Backhefe	sorgfältig vermischen
25 g Zucker	
1 Päckchen Vanillin-Zucker	
Salz, 1 Ei	

ZWILLINGSTEIG

150 g (1 Becher) Crème fraîche	hinzufügen
	die Zutaten mit Handrührgerät mit Knethaken zunächst kurz auf niedrigster, dann auf höchster Stufe in etwa 3 Minuten zu einem Teig verarbeiten
	den Teig abgedeckt so lange an einem warmen Ort stehen lassen, bis er sich sichtbar vergrößert hat.
	Für den Knetteig
100 g Weizenmehl	in eine Rührschüssel sieben
25 g Zucker 1 Päckchen Vanillin-Zucker Salz, 1 Ei	
50 g Margarine oder Butter	hinzufügen, die Zutaten mit Handrührgerät mit Knethaken zunächst kurz auf niedrigster, dann auf höchster Stufe gut durcharbeiten, anschließend auf der Arbeitsfläche zu einem glatten Teig verkneten.
	Für die Füllung
	aus
2 Päckchen Pudding-Pulver Vanille-Geschmack 50 g Zucker 2 Eigelb	
750 ml (¾ l) Milch	nach Anleitung (jedoch nur mit 750 ml Milch) einen Pudding zubereiten
3 Eiweiß	steif schlagen, sofort unter den kochendheißen Pudding rühren, etwas abkühlen lassen
250 g (2 Becher) Crème double	unterrühren, den Pudding erkalten lassen
	den gegangenen Hefeteig aus der Schüssel nehmen, auf der Arbeitsfläche nochmals gut durchkneten, mit dem Knetteig gut verkneten
	die Hälfte des Teiges auf einem gefetteten Backblech (38 x 28 cm) ausrollen, mit dem abgekühlten Pudding bestreichen
740 g Sauerkirschen (aus dem Glas)	gut abtropfen lassen, auf dem Pudding verteilen, den restlichen Teig in Größe des Backblechs ausrollen, auf die Kirschen legen, an den Rändern mit Hilfe einer Teigkarte andrücken

(Fortsetzung Seite 214)

ZWILLINGSTEIG

1 Eigelb	mit
1 EL Kondensmilch	verschlagen, den Teig damit bestreichen, mit
Zimt-Zucker	
30 – 50 g abgezogenen, gehobelten Mandeln	bestreuen, den Teig nochmals so lange an einem warmen Ort gehen lassen, bis er sich sichtbar vergrößert hat
Strom	
Ober-/Unterhitze	170 – 200 °C (vorgeheizt)
Heißluft	160 – 170 °C (nicht vorgeheizt)
Gas	Stufe 3 – 4 (vorgeheizt)
Backzeit	etwa 30 Minuten.

APFEL-JALOUSIEN

☆ **Vollwert** ☆

	Für den Hefeteig
250 g feingemahlenen Dinkel	in eine Rührschüssel geben, mit
1 Päckchen Trocken-Backhefe	sorgfältig vermischen
40 g Honig	
1 Päckchen Bourbon Vanille-Zucker	
1 Beutel Rum-Aroma	
etwas Salz, 1 Ei	
etwas Zimt	
100 ml lauwarme Milch	hinzufügen die Zutaten mit Handrührgerät mit Knethaken zunächst auf niedrigster, dann auf höchster Stufe in etwa 5 Minuten zu einem Teig verarbeiten, den Teig abgedeckt so lange an einem warmen Ort stehen lassen, bis er sich sichtbar vergrößert hat.
	Für den Knetteig
100 g feingemahlenen Dinkel	in eine Rührschüssel geben
40 g braunen Zucker	
1 Päckchen Bourbon Vanille-Zucker	
1 Ei	

50 g Butter	hinzufügen, die Zutaten mit Handrührgerät mit Knethaken zunächst kurz auf niedrigster, dann auf höchster Stufe gut durcharbeiten, anschließend auf der Arbeitsfläche zu einem glatten Teig verkneten.
	Für die Füllung
5 EL Weißwein	mit
50 g braunem Zucker	
1 Päckchen Bourbon Vanille-Zucker	
1 Beutel Zitronen Aroma	
etwas gemahlenem Zimt	
etwas Nelkenpulver	
50 g verlesenen Rosinen	aufkochen lassen
350 g vorbereitete Apfelstückchen	etwa 5 Minuten darin dünsten lassen, zum Abtropfen auf ein Sieb geben, erkalten lassen den gegangenen Hefeteig aus der Schüssel nehmen, auf der Arbeitsfläche nochmals gut durchkneten, mit dem Knetteig gut verkneten, den Teig etwa ½ cm dick ausrollen 16 Quadrate (10 x 10 cm) ausschneiden, in acht der Quadrate so 1 cm breite Streifen schneiden, daß die Ränder zusammenhängen bleiben die Füllung auf die nicht eingeschnittenen Teigplatten verteilen, am Rand 1 cm Teig frei lassen, diesen mit etwas
Eigelbmilch (1 Eigelb, 2 EL Kondensmilch)	bestreichen, mit den eingeschnittenen Platten belegen, die Ränder gut andrücken die Teigstücke auf ein mit Backpapier belegtes Backblech legen, nochmals an einem warmen Ort so lange gehen lassen, bis sie sich sichtbar vergrößert haben, mit der restlichen Eigelbmilch bestreichen
Strom	
Ober-/Unterhitze	170 – 200 °C (vorgeheizt)
Heißluft	160 – 170 °C (nicht vorgeheizt)
Gas	Stufe 3 – 4 (vorgeheizt)
Backzeit	etwa 15 Minuten das Gebäck sofort nach dem Backen mit
10 g gemahlenen Cashewkernen	bestreuen, noch warm verzehren.
Beigabe	Vanillesoße.

BLÄTTERTEIG

KIRSCHSCHNITTEN

1 Packung (300 g)	
tiefgekühlten Blätterteig	abgedeckt bei Zimmertemperatur auftauen lassen, jede Platte quer halbieren, auf ein mit kaltem Wasser abgespültes Backblech legen
Strom	
Ober-/Unterhitze	200 – 220 °C (vorgeheizt)
Heißluft	170 – 180 °C (nicht vorgeheizt)
Gas	Stufe 4 – 5 (vorgeheizt)
Backzeit	etwa 15 Minuten
	die Blätterteigplatten vom Backblech lösen, erkalten lassen jede Platte waagerecht vorsichtig mit Hilfe eines Sägemessers durchschneiden.
	Für die Füllung
etwa 370 g Sauerkirschen	
(aus dem Glas)	abtropfen lassen, den Saft auffangen, 250 ml (¼ l) davon abmessen, zwei Teelöffel des Saftes für den Guß beiseite stellen, den übrigen Saft zum Kochen bringen
30 g Speisestärke	mit
2 EL Kirschwasser	anrühren, unter Rühren in den Saft geben, kurz aufkochen, die Kirschen unterrühren, erkalten lassen, evtl. mit
Zucker	abschmecken
	die Kirschmasse auf die unteren Gebäckteile verteilen
250 g (1 Becher)	
Schlagsahne	½ Minute schlagen
1 Päckchen Sahnesteif	mit
1 Päckchen Vanillin-Zucker	mischen, einstreuen, die Sahne steif schlagen
1 EL Kirschwasser	unterschlagen
	die Sahne in einen Spritzbeutel mit gezackter Tülle füllen, auf die Kirschmasse spritzen.
	Für den Guß
100 g gesiebten Puderzucker	mit
2 TL Kirschsaft	
2 TL Kirschwasser	verrühren, die oberen Gebäckteile damit bestreichen, antrocknen lassen, auf die Sahnemasse legen, nach Belieben mit
Schlagsahne	
gehackten Pistazien	garnieren.

ERDBEERSCHNITTEN

(Foto Seite 216/217)

Für den Teig

1 Packung (300 g) tiefgekühlten Blätterteig — abgedeckt bei Zimmertemperatur auftauen lassen.

Für die Füllung

aus

1 Päckchen Pudding-Pulver Vanille-Geschmack
40 g Zucker
125 ml (⅛ l) Milch
250 g (1 Becher) Schlagsahne — nach Anleitung auf dem Päckchen (mit den hier angegebenen Zutaten) einen Pudding zubereiten, kalt stellen, ab und zu durchrühren.

Für den Belag

750 g Erdbeeren — waschen, gut abtropfen lassen, entstielen, halbieren, mit
50 g Zucker — bestreuen, zum Saftziehen stehen lassen

die Teigplatten aufeinanderlegen, zunächst zu einem Rechteck (34 x 30 cm) ausrollen, dann 2 Rechtecke (30 x 14 cm) daraus schneiden, auf ein mit kaltem Wasser abgespultes Backblech legen

aus dem restlichen Teig schmale Streifen schneiden, umeinanderschlingen, auf die mit

Kondensmilch — bestrichenen Teigkanten legen, mit Kondensmilch bestreichen

die Teigplatten mehrmals mit einer Gabel einstechen, während des Backens evtl. nochmals einstechen

Strom
Ober-/Unterhitze — 200 – 220 °C (vorgeheizt)
Heißluft — 170 – 180 °C (nicht vorgeheizt)
Gas — Stufe 4 – 5 (vorgeheizt)
Backzeit — 15 – 20 Minuten

sofort nach dem Backen das Gebäck vom Backblech lösen, auf einem Kuchenrost erkalten lassen, mit dem Pudding bestreichen

die Erdbeeren gut abtropfen lassen, schuppenförmig auf den Pudding legen.

(Fortsetzung Seite 220)

Für den Guß

1 Päckchen Tortenguß	
30 g Zucker	
250 ml (¼ l) Erdbeersaft	
(mit Wasser aufgefüllt)	nach Anleitung auf dem Päckchen zubereiten, über die Erdbeeren verteilen, die Längsseiten mit
15 g abgezogenen, gehackten Mandeln	bestreuen.

Schuhsohlen, gefüllt

Für den Teig

1 Packung (300 g) tiefgekühlten Blätterteig	abgedeckt bei Zimmertemperatur auftauen lassen, die Platten aufeinanderlegen, dünn ausrollen, mit einer runden Form (Ø etwa 6 cm) ausstechen, jede Teigplatte von beiden Seiten so auf
Zucker	ausrollen, daß ovale Teigstücke entstehen, auf ein mit kaltem Wasser abgespültes Backblech legen
Strom	
Ober-/Unterhitze	200 – 220 °C (vorgeheizt)
Heißluft	170 – 180 °C (nicht vorgeheizt)
Gas	Stufe 4 – 5 (vorgeheizt)
Backzeit	etwa 10 Minuten.

Für die Füllung

250 g (1 Becher) Schlagsahne	½ Minute schlagen
1 Päckchen Vanillin-Zucker	mit
1 Päckchen Sahnesteif	mischen, einstreuen, die Sahne steif schlagen, mit
Kirschwasser	abschmecken, die Hälfte der Schuhsohlen auf der Unterseite mit Sahne bespritzen, die übrigen mit der Unterseite darauf legen.

APRIKOSEN-JOGHURT-TORTE

	Für den Teig
1 Packung (300 g)	
tiefgekühlten Blätterteig	abgedeckt bei Zimmertemperatur auftauen lassen, die Platten aufeinanderlegen, zu einem Rechteck (45 x 25 cm) ausrollen, daraus zwei runde Platten (Ø 22 cm) ausstechen den restlichen Teig wieder übereinanderlegen, zu einer Platte (Ø 22 cm) ausrollen, diese in zwölf Stücke schneiden Stücke und Platten auf mit kaltem Wasser abgespülte Backbleche legen, die Platten mehrmals mit einer Gabel einstechen, 30 Minuten stehen lassen, damit sie die Form behalten
Strom	
Ober-/Unterhitze	200 – 220 °C (vorgeheizt)
Heißluft	170 – 180 °C (nicht vorgeheizt)
Gas	Stufe 4 – 5 (vorgeheizt)
Backzeit	etwa 15 Minuten Böden und Stücke vom Backblech nehmen, abkühlen lassen.
	Für die Füllung
240 g Aprikosen	
(aus der Dose)	zum Abtropfen auf ein Sieb geben, den Saft auffangen
6 Blatt weiße Gelatine	in kaltem Wasser einweichen
2 Becher (je 150 g)	
Joghurt	mit
50 g Zucker	
1 Päckchen Vanillin-Zucker	
4 EL Aprikosensaft	
1 EL Zitronensaft	gut verrühren die eingeweichte Gelatine ausdrücken, tropfnaß auflösen, unter die Joghurtmasse rühren, kalt stellen die Aprikosen (drei Hälften zurückbehalten) pürieren, mit
1 Päckchen Dessert	
Soße Ohne Kochen	
Vanille-Geschmack	verrühren, die abgekühlten Böden damit bestreichen wenn die Joghurtmasse anfängt dicklich zu werden,
250 g (1 Becher)	
Schlagsahne	steif schlagen, unter die Joghurtmasse ziehen, zwei Drittel davon in einen Spritzbeutel mit gezackter Tülle füllen, auf die

	Ränder der bestrichenen Böden spritzen, die restliche Masse in die Mitte geben
	die Stücke fächerartig auf die Torte legen, mit
Puderzucker	bestäuben, die Torte mit den zurückbehaltenen, in Spalten geschnittenen Aprikosenhälften garnieren.
Tip	Die Torte schmeckt frisch zubereitet am besten.

SCHWEINEÖHRCHEN

1 Packung (300 g) tiefgekühlten Blätterteig	abgedeckt bei Zimmertemperatur auftauen lassen, die Platten aufeinanderlegen, zu einem Rechteck (55 x 22 cm) ausrollen, mit
25 g zerlassener, abgekühlter Butter	bestreichen
50 g Zucker	mit
1 Päckchen Vanillin-Zucker	mischen, den Teig damit bestreuen von der Teigplatte den linken Teil der langen Seite zu zwei Dritteln und den rechten zu ein Drittel zusammenlegen, so daß die Kanten aneinanderstoßen, dann den Teig an der längeren Seite zur Hälfte überschlagen, so vor sich liegen lassen, dieses Teigstück zu einer Platte (30 x 30 cm) ausrollen, die linke und die rechte Seite so zur Mitte überschlagen, daß in der Mitte 2 cm Teig frei bleiben, die linke breite Kante auf die rechte legen, den Teig so lange kalt stellen, bis er schnittfest geworden ist, knapp 1 cm dicke Scheiben davon abschneiden, auf ein mit kaltem Wasser abgespültes Backblech legen
Strom	
Ober-/Unterhitze	200 – 220 °C (vorgeheizt)
Heißluft	170 – 180 °C (nicht vorgeheizt)
Gas	Stufe 4 – 5 (vorgeheizt)
Backzeit	etwa 10 Minuten
	die heißen Schweineöhrchen mit
Zucker	bestreuen.
Tip	Schweineöhrchen können, in gut schließende Dosen geschichtet, 2 – 3 Wochen aufbewahrt werden.

MANDELSCHLEIFEN

	Für den Teig
1 Packung (300 g) tiefgekühlten Blätterteig	abgedeckt bei Zimmertemperatur auftauen lassen, die Platten aufeinanderlegen, zu einem Rechteck (50 x 35 cm) ausrollen.
	Für die Füllung
200 g Marzipan-Rohmasse	mit
1 EL Aprikosen-Konfitüre 50 g weicher Margarine, z.B. Sanella, oder Butter	mit Handrührgerät mit Rührbesen zu einer geschmeidigen Masse verrühren, auf eine Teighälfte streichen (Foto 1), die andere Teighälfte darüber klappen, so daß ein Rechteck (25 x 35 cm) entsteht, das gefüllte Teigstück in etwa 1½ cm breite und 25 cm lange Streifen schneiden (Foto 2) die Teigstreifen zu einem losen Knoten schlingen, auf ein mit kaltem Wasser abgespültes Backblech legen (Foto 3), mit
Kondensmilch	bestreichen, mit
etwa 20 g abgezogenen, gehobelten Mandeln	bestreuen
Strom	
Ober-/Unterhitze	200 – 220 °C (vorgeheizt)
Heißluft	170 – 180 °C (nicht vorgeheizt)
Gas	Stufe 4 – 5 (vorgeheizt)
Backzeit	etwa 15 Minuten die Mandelschleifen vor dem Servieren mit
Puderzucker	bestäuben.

FETTGEBÄCK

FETTGEBÄCK

Teige zum Ausbacken:

Folgende Teigarten können für Fettgebäck verwendet werden:
– Brandteig (Seite 180 f.)
– Knetteig (Seite 100 f.)
– Quark-Öl-Teig (Seite 162 f.)
– Hefeteig (Seite 138 f.)

Fett:
Ausschlaggebend ist das richtige Fett. Am besten eignet sich ein geschmacksneutrales hundertprozentiges Pflanzenfett (z.B. Kokosfett). Öl allein verwenden, niemals mit festem Fett mischen.
Die Friteuse (Fritiertopf) so weit mit Fett füllen, daß die Teigstücke darin schwimmen können. Unterschiedliches Fritiergut (z.B. Fisch, Gebäck) kann nacheinander in demselben Fettbad ausgebacken werden. Die hohe Temperatur verhindert eine Geschmacksübertragung.
Fett nach dem Fritieren reinigen. Dazu das Fett durch ein mit Küchenpapier ausgelegtes Metallsieb gießen.
Ausbackfett kann 6 – 10mal verwendet werden.

Temperatur:
Beim Einlegen des Teiges darf das Fett weder zu heiß noch zu kalt sein. Bei zu starker Hitze bräunt das Gebäck zu schnell, geht nicht richtig auf und bleibt innen teigig. Ist das Fett zu kalt, saugt das Gebäck zuviel Fett auf. Außerdem kann dann das Fett anfangen zu schäumen, sobald der Teig eingelegt wird. Das Schäumen kann so stark werden, daß empfindliche Gebäckstücke förmlich auseinandergerissen werden. Sobald das Fett anfängt zu schäumen, muß es stärker erhitzt werden. Nicht zuviel Teigstücke auf einmal in das Fett geben. Vorsichtig mit der Zugabe von neuem Teig sein, da dadurch eine weitere Abkühlung des Fettes eintritt. Im übrigen soll vor jeder Teigzugabe das Fett geprüft werden, ob es die richtige Temperatur hat, und zwar müssen sich um einen in das Fett gehaltenen Holzlöffelstiel Bläschen bilden. Die richtige Temperatur liegt bei 170 – 190 °C.

MUZENMANDELN

(Foto Seite 226/227)

	FÜR DEN KNETTEIG
500 g Weizenmehl	mit
2 gestrichenen TL Backin	mischen, in eine Rührschüssel sieben
150 g Zucker	
½ Fläschchen Rum-Aroma	
3 Eier	
Salz	

150 g Margarine, z.B. Sanella, oder Butter	hinzufügen
	die Zutaten mit Handrührgerät mit Knethaken zunächst kurz auf niedrigster, dann auf höchster Stufe gut durcharbeiten, anschließend auf der Arbeitsfläche zu einem glatten Teig verkneten, sollte er kleben, ihn eine Zeitlang kalt stellen
	den Teig etwa 1 cm dick ausrollen, Muzenmandeln mit einer Muzenmandelform ausstechen, oder mit zwei Teelöffeln formen, schwimmend in siedendem
Ausbackfett	goldgelb backen, mit einem Schaumlöffel herausnehmen, auf einem Kuchenrost gut abtropfen lassen, noch heiß in
Zucker	wenden.

Hobelspäne

☆ schnell ☆

	FÜR DEN KNETTEIG
500 g Weizenmehl	mit
1 gestrichenen TL Backin	mischen, in eine Rührschüssel sieben
100 g Zucker einige Tropfen Backöl Zitrone 1 Fläschchen Rum-Aroma 3 Eier 4 EL Milch oder Wasser 125 g Margarine oder Butter	hinzufügen
	die Zutaten mit Handrührgerät mit Knethaken zunächst auf niedrigster, dann auf höchster Stufe gut durcharbeiten, anschließend auf der Arbeitsfläche zu einem glatten Teig verkneten
	den Teig dünn ausrollen, in Streifen (etwa 2 x 6 cm) rädern, in der Mitte einschneiden, das eine Ende einmal durchziehen
	die Hobelspäne schwimmend in siedendem
Ausbackfett	goldbraun backen, mit einem Schaumlöffel herausnehmen, auf einem Kuchenrost abtropfen lassen, mit
Puderzucker	bestäuben.

BERLINER

☆ für Gäste ☆

	FÜR DEN HEFETEIG
500 g Weizenmehl	in eine Rührschüssel sieben, mit
1 Päckchen Trocken-Backhefe	sorgfältig vermischen
30 g Zucker 1 Päckchen Vanillin-Zucker 3 Tropfen Backöl Bittermandel 1 gestrichenen TL Salz 2 Eier 1 Eigelb 125 ml (1/8 l) lauwarme Milch 100 g zerlassene, abgekühlte Margarine, z.B. Sanella, oder Butter	hinzufügen die Zutaten mit Handrührgerät mit Knethaken zunächst auf niedrigster, dann auf höchster Stufe in etwa 5 Minuten zu einem Teig verarbeiten den Teig abgedeckt so lange an einem warmen Ort stehen lassen, bis er sich sichtbar vergrößert hat, ihn dann auf der Arbeitsfläche nochmals gut durchkneten den Teig etwa 1/2 cm dick ausrollen, mit einer runden Form (Ø etwa 7 cm) ausstechen, die Hälfte der Teigplatten am Rand dünn mit
Eiweiß	bestreichen, in die Mitte jeweils
etwas Konfitüre	geben, die übrigen Teigplatten darauf legen, die Teigränder gut andrücken, die Teigstücke nochmals so lange an einem warmen Ort gehen lassen, bis sie sich sichtbar vergrößert haben die Bällchen schwimmend in siedendem
Ausbackfett	auf beiden Seiten backen, mit einem Schaumlöffel herausnehmen, auf einem Kuchenrost abtropfen lassen, in
Zucker	wenden.
Tip	Nach Belieben die Berliner mit Zuckerguß bestreichen. Dafür gesiebten Puderzucker mit so viel lauwarmem Wasser verrühren, daß ein streichfähiger Guß entsteht.

EBERSWALDER SPRITZKUCHEN

	Für den Brandteig
250 ml (¼ l) Wasser	
50 g Margarine	
oder Butter	am besten in einem Stieltopf zum Kochen bringen
150 g Weizenmehl	mit
30 g Speisestärke	mischen, sieben, auf einmal in die von der Kochstelle genommene Flüssigkeit schütten, zu einem glatten Kloß rühren (Foto 1), unter Rühren etwa 1 Minute erhitzen, den heißen Kloß sofort in eine Rührschüssel geben, nach und nach
25 g Zucker	
1 Päckchen Vanillin-Zucker	
4 – 6 Eier	mit Handrührgerät mit Knethaken auf höchster Stufe unterarbeiten, weitere Eizugabe erübrigt sich, wenn der Teig stark glänzt und so von einem Löffel abreißt, daß lange Spitzen hängenbleiben
1 gestrichenen TL Backin	in den erkalteten Teig arbeiten, ihn in einen Spritzbeutel (weite Tülle) füllen, auf gefettete Pergamentpapiere (etwa 10 x 10 cm groß) in Form von Kränzen spritzen (Foto 2) durch Eintauchen der Papiere in siedendes
Ausbackfett	die Kränzchen lösen, schwimmend auf beiden Seiten hellbraun backen (Foto 3), mit einem Schaumlöffel herausnehmen, auf einem Kuchenrost abtropfen lassen.
	Für den Guß
200 g Puderzucker	sieben, mit
2 EL Zitronensaft	
so viel heißem Wasser	glattrühren, so daß eine dickflüssige Masse entsteht das Gebäck damit überziehen.

PFLAUMENKRAPFEN

☆ **für Gäste** ☆

	Für den Quark-Öl-Teig
150 g Weizenmehl	mit
4 gestrichenen TL Backin	mischen, in eine Rührschüssel sieben
75 g Speisequark	
50 ml Milch	
50 ml Speiseöl	
40 g Zucker	
1 Päckchen Vanillin-Zucker	
1 Fläschchen Butter-Vanille-Aroma	
Salz	hinzufügen die Zutaten mit Handrührgerät mit Knethaken auf höchster Stufe in etwa 1 Minute verarbeiten (nicht zu lange, Teig klebt sonst), anschließend auf der bemehlten Arbeitsfläche zu einer Rolle formen.
	Für die Füllung
10 – 15 Pflaumen (je nach Größe)	waschen, entstielen, trockentupfen, entsteinen
10 – 15 Stück Würfelzucker	in
Zimt	wälzen, die Pflaumen damit füllen den Teig in 10 – 15 gleichmäßige Stücke schneiden, je eine Pflaume in ein Teigstück einhüllen, den Teig gut andrücken, die Teigkugeln schwimmend in siedendem
Ausbackfett	hellbraun backen, mit einem Schaumlöffel herausnehmen, auf einem Kuchenrost gut abtropfen lassen, evtl. noch heiß in
Zucker	wenden.
	Für die Soße
300 g entsteinte Pflaumen	pürieren, mit
etwa 2 EL Zucker	
etwa 1 EL Pflaumengeist	abschmecken.

WEIHNACHTSGEBÄCK

MARZIPANSTOLLEN

(Foto Seite 236/237)

	Für den Hefeteig
375 g Rosinen	verlesen, mit
4 EL Rum	beträufeln, mehrere Stunden (am besten über Nacht) stehen lassen
1 Päckchen Trocken-Backhefe	mit
1 TL Zucker	in einem Schüsselchen mit
150 ml lauwarmer Milch	sehr sorgfältig anrühren, etwa 15 Minuten bei Zimmertemperatur stehen lassen
375 g Weizenmehl	in eine Rührschüssel sieben, in die Mitte eine Vertiefung eindrücken
75 g Zucker 1 Päckchen Vanillin-Zucker Salz 2 Messerspitzen gemahlenen Kardamom 2 Messerspitzen gemahlene Muskatblüte 1 Ei 150 g sehr weiche Margarine, z.B. Sanella, oder Butter	an den Rand des Mehls geben
	die angesetzte Hefe in die Vertiefung geben
	die Zutaten mit Handrührgerät mit Knethaken zunächst auf niedrigster, dann auf höchster Stufe in etwa 5 Minuten zu einem Teig verarbeiten
	den Teig abgedeckt so lange an einem warmen Ort stehen lassen, bis er sich sichtbar vergrößert hat, ihn auf der Arbeitsfläche nochmals gut durchkneten, dabei Rum-Rosinen,
100 g gewürfeltes Zitronat (Sukkade) 100 g abgezogene, gehackte Mandeln	unterkneten
	den Teig zu einem Rechteck (30 x 20 cm) ausrollen
200 g Marzipan-Rohmasse	gut durchkneten, zu einem Rechteck (30 x 15 cm) ausrollen, dieses so auf die Teigplatte legen, daß an den Längsseiten etwas Teig frei bleibt

	den Teig von der längeren Seite her nicht zu locker aufrollen, zu einem Stollen formen
	den Stollen auf ein mit Backpapier belegtes Backblech legen, nochmals so lange an einem warmen Ort gehen lassen, bis er sich sichtbar vergrößert hat
Strom	
Ober-/Unterhitze	Vorheizen 250 °C, backen 150 – 170 °C
Heißluft	Vorheizen etwa 200 °C , backen etwa 150 °C
Gas	Stufe 2 – 3 (vorgeheizt)
Backzeit	45 – 55 Minuten
	den Stollen sofort nach dem Backen mit der Hälfte von
100 g zerlassener Butter	bestreichen, mit
Puderzucker	bestäuben, etwas abkühlen lassen, den Vorgang wiederholen.

KOKOSMAKRONEN

☆ **einfach** ☆

200 g Kokosraspel	auf einem Backblech leicht rösten, erkalten lassen
4 Eiweiß	steif schlagen, der Eischnee muß so fest sein, daß ein Messerschnitt sichtbar bleibt, nach und nach
200 g Zucker 1 Messerspitze gemahlenen Zimt 2 Tropfen Backöl Bittermandel	unterschlagen, die Kokosraspel vorsichtig unter den Eischnee heben (nicht rühren)
	von dem Teig mit zwei Teelöffeln Häufchen auf ein gefettetes Backblech setzen
Strom	
Ober-/Unterhitze	130 – 150 °C (vorgeheizt)
Heißluft	etwa 120 °C (nicht vorgeheizt)
Gas	Stufe 1 – 2 (nicht vorgeheizt)
Backzeit	20 – 25 Minuten.

ZIMTSTERNE

3 Eiweiß	mit Handrührgerät mit Rührbesen auf höchster Stufe steif schlagen
250 g Puderzucker	sieben, nach und nach unterrühren zum Bestreichen der Sterne 2 gut gehäufte Eßlöffel Eischnee abnehmen
1 Päckchen Vanillin-Zucker 3 Tropfen Backöl Bittermandel 1 gestrichenen TL gemahlenen Zimt	und die Hälfte von
275 – 325 g nicht abgezogenen, gemahlenen Mandeln oder Haselnußkernen	vorsichtig auf niedrigster Stufe unter den übrigen Eischnee rühren von dem Rest der Mandeln (Haselnußkerne) so viel unterkneten, daß der Teig kaum noch klebt, ihn auf einer mit
Puderzucker	bestäubten Arbeitsfläche etwa ½ cm dick ausrollen, Sterne ausstechen, auf ein mit Backpapier belegtes Backblech legen, mit dem zurückgelassenen Eischnee bestreichen, der Guß muß so sein, daß er sich glatt auf die Sterne streichen läßt, evtl.
einige Tropfen Wasser	unterrühren
Strom	
Ober-/Unterhitze	130 – 150 °C (vorgeheizt)
Heißluft	etwa 120 °C (nicht vorgeheizt)
Gas	Stufe 1 – 2 (nicht vorgeheizt)
Backzeit	20 – 30 Minuten das Gebäck muß sich beim Herausnehmen auf der Unterseite noch etwas weich anfühlen.
Tip	Die Zimtsterne am besten in Kartons aufbewahren.

NÜRNBERGER ELISENLEBKUCHEN

(Teig für etwa 40 Oblaten, Durchmesser etwa 6 cm)	
	Für den Rührteig
75 g Orangeat oder Zitronat (Sukkade)	sehr fein würfeln
125 g nicht abgezogene Mandeln	mahlen
2 Eier	mit Handrührgerät mit Rührbesen auf höchster Stufe in 1 Minute schaumig schlagen
200 g Farin-Zucker	mit
1 Päckchen Vanillin-Zucker	mischen, in 1 Minute einstreuen, dann noch etwa 2 Minuten schlagen
1 Messerspitze gemahlene Nelken ½ Fläschchen Rum-Aroma 1 – 2 Tropfen Backöl Zitrone	unterrühren, die Mandeln mit
1 Messerspitze Backin	mischen, mit dem Orangeat (Zitronat) und so viel von
75 – 125 g gemahlenen Haselnußkernen*	kurz auf niedrigster Stufe unter die Eiercreme rühren, daß der Teig noch streichfähig ist auf jede Oblate einen gehäuften Teelöffel des Teiges geben, mit einem in Wasser getauchten Messer bergförmig verstreichen, auf ein Backblech legen
Strom	
Ober-/Unterhitze	130 – 150 °C (vorgeheizt)
Heißluft	etwa 120 °C (nicht vorgeheizt)
Gas	Stufe 1 – 2 (vorgeheizt)
Backzeit	25 – 30 Minuten.
	Für den hellen Guß
150 g Puderzucker	sieben, mit
1 – 2 EL heißem Wasser	glattrühren, so daß eine dickflüssige Masse entsteht.

	Für den dunklen Guß
75 g Schokolade	mit
10 g Kokosfett	in einem kleinen Topf im Wasserbad bei schwacher Hitze zu einer geschmeidigen Masse verrühren
	die Hälfte der Lebkuchen gleich nach dem Backen mit hellem und den Rest mit dunklem Guß bestreichen.
	* Die erforderliche Menge Haselnußkerne hängt von der Größe der Eier ab.

ZITRONENHERZEN

	Für den Teig
3 Eigelb	
125 g Zucker	
1 Päckchen Vanillin-Zucker	mit Handrührgerät mit Rührbesen auf höchster Stufe in etwa 1 Minute cremig schlagen
abgeriebene Schale von ½ Zitrone (unbehandelt)	
1 Messerspitze Backin	und so viel von
200 – 250 g abgezogenen, gemahlenen Mandeln*	unterrühren, daß ein fester Brei entsteht
	von dem Rest der Mandeln so viel unterkneten, daß der Teig kaum noch klebt, ihn auf einer mit
Puderzucker	bestäubten Arbeitsfläche etwa ½ cm dick ausrollen, Herzen ausstechen, auf ein mit Backpapier belegtes Backblech legen
Strom	
Ober-/Unterhitze	170 – 200 °C (vorgeheizt)
Heißluft	160 – 170 °C (nicht vorgeheizt)
Gas	Stufe 3 – 4 (vorgeheizt)
Backzeit	etwa 10 Minuten.
	Für den Guß
100 g Puderzucker	sieben, mit
1 – 1½ EL Zitronensaft	glattrühren, so daß eine dickflüssige Masse entsteht
	sofort nach dem Backen die Plätzchen damit bestreichen.
	* Die erforderliche Menge Mandeln hängt von der Größe der Eier ab.

VANILLEKIPFERL

	Für den Knetteig
250 g Weizenmehl	mit
1 Messerspitze Backin	mischen, in eine Rührschüssel sieben
125 g Zucker	
1 Päckchen Vanillin-Zucker	
3 Eigelb	
200 g Margarine oder Butter	
125 g abgezogene, gemahlene Mandeln	hinzufügen (Foto 1)
	die Zutaten mit Handrührgerät mit Knethaken zunächst kurz auf niedrigster, dann auf höchster Stufe gut durcharbeiten, anschließend auf der Arbeitsfläche zu einem glatten Teig verkneten, sollte er kleben, ihn eine Zeitlang kalt stellen
	aus dem Teig bleistiftdicke Rollen formen, in 5 – 6 cm lange Stücke schneiden, die Enden etwas dünner rollen, als Hörnchen auf ein Backblech legen (Foto 2)
Strom	
Ober-/Unterhitze	170 – 200 °C (vorgeheizt)
Heißluft	160 – 170 °C (nicht vorgeheizt)
Gas	Stufe 3 – 4 (vorgeheizt)
Backzeit	etwa 10 Minuten
etwa 50 g Puderzucker	sieben, mit
1 Päckchen Vanillin-Zucker	mischen, die heißen Kipferl damit bestreuen (Foto 3).

QUARKSTOLLEN

	Für den Knetteig
500 g Rosinen	verlesen, mit
100 ml Rum	beträufeln, mehrere Stunden (am besten über Nacht) stehen lassen
500 g Weizenmehl	mit
1 Päckchen Backin	mischen, in eine Rührschüssel sieben
150 g Zucker 1 Päckchen Vanillin-Zucker Salz 4 Tropfen Backöl Bittermandel je 1 Messerspitze Nelken, Kardamom Ingwer, Muskatnuß Zimt (alles gemahlen) etwas abgeriebene Orangenschale (unbehandelt) 2 Eier 175 g Margarine, z.B. Sanella, oder Butter	
250 g Speisequark	hinzufügen die Zutaten mit Handrührgerät mit Knethaken zunächst kurz auf niedrigster, dann auf höchster Stufe gut durcharbeiten, anschließend
250 g abgezogene, gemahlene Mandeln 150 g gewürfeltes Zitronat (Sukkade) 100 g gewürfeltes Orangeat	und die Rum-Rosinen auf der Arbeitsfläche unterkneten, alles zu einem glatten Teig verkneten den Teig zu einem Stollen formen, auf ein mit Backpapier belegtes Backblech legen
Strom	
Ober-/Unterhitze	Vorheizen 250 °C , backen 160 – 180 °C
Heißluft	Vorheizen etwa 200 °C, backen etwa 150 °C
Gas	Stufe 2 – 3 (vorgeheizt)

Backzeit	50 – 60 Minuten
	den Stollen sofort nach dem Backen mit der Hälfte von
100 g zerlassener Butter	bestreichen, mit
Puderzucker	bestäuben, etwas abkühlen lassen, den Vorgang wiederholen.

FRÜCHTEKUCHEN

125 g Haselnußkerne	halbieren
125 g getrocknete Feigen	in Würfel schneiden
250 g Rosinen	verlesen
3 Eier	mit Handrührgerät mit Rührbesen auf höchster Stufe in 1 Minute schaumig schlagen
125 g Zucker	mit
1 Päckchen Vanillin-Zucker	mischen, in 1 Minute einstreuen, dann noch etwa 2 Minuten schlagen
½ Fläschchen Rum-Aroma	
1 Messerspitze gemahlenen Zimt	kurz unterrühren
125 g Weizenmehl	mit
50 g Speisestärke	
1 gestrichenen TL Backin	mischen, sieben, alle Zutaten mit
60 g abgezogenen, gehackten Mandeln, 125 g gewürfeltem Zitronat (Sukkade)	auf niedrigster Stufe unter die Eiercreme rühren
	den Teig in eine mit Backpapier ausgelegte Kastenform (30 x 11 cm) füllen
Strom	
Ober-/Unterhitze	170 – 200 °C (vorgeheizt)
Heißluft	etwa 150 °C (nicht vorgeheizt)
Gas	Stufe 2 – 3 (nicht vorgeheizt)
Backzeit	70 – 90 Minuten.

HONIGKUCHEN

	Für den Teig
250 g Honig	mit
125 g Margarine, z.B. Sanella, oder Butter	in einem Topf unter Rühren langsam erwärmen, zerlassen, in eine Rührschüssel geben, kalt stellen, unter die fast erkaltete Masse mit Handrührgerät mit Rührbesen auf höchster Stufe
2 Eier 1 Päckchen Lebkuchengewürz abgeriebene Schale von 1 Zitrone (unbehandelt)	rühren
375 g Weizenmehl	mit
1 Päckchen Backin 2 TL Kakaopulver	mischen, eßlöffelweise auf mittlerer Stufe unterrühren
100 g Korinthen	verlesen, mit
100 g gemahlenen Haselnußkernen	unterrühren
	den Teig auf ein gut gefettetes Backblech streichen, mit
etwas Milch	bestreichen, mit
100 g abgezogenen, gehobelten Mandeln	bestreuen
Strom	
Ober-/Unterhitze	etwa 170 °C (vorgeheizt)
Heißluft	etwa 150 °C (nicht vorgeheizt)
Gas	etwa Stufe 3 (vorgeheizt)
Backzeit	etwa 20 Minuten.
	Zum Aprikotieren
5 EL Aprikosen-Maracuja-Konfitüre	durch ein Sieb streichen, den Kuchen sofort nach dem Backen damit bestreichen, erkalten lassen.
	Für den Guß
200 g Halbbitter-Schokolade	in kleine Stücke brechen, mit
etwas Kokosfett	in einem kleinen Topf im Wasserbad bei schwacher Hitze geschmeidig rühren, auf den erkalteten Kuchen streichen, nach Belieben garnieren, wenn der Guß fest geworden ist, den Kuchen in beliebig große Stücke schneiden, in einer gut schließenden Dose aufbewahren.

MANDELECKEN

	Für den Knetteig
150 g Weizenmehl	mit
½ gestrichenen TL Backin	mischen, in eine Rührschüssel sieben
65 g Zucker	
1 Päckchen Vanillin-Zucker	
Salz	
1 Ei	
65 g Margarine oder Butter	hinzufügen die Zutaten mit Handrührgerät mit Knethaken zunächst kurz auf niedrigster, dann auf höchster Stufe gut durcharbeiten, anschließend auf der Arbeitsfläche zu einem glatten Teig verkneten, sollte er kleben, ihn eine Zeitlang kalt stellen den Teig auf einem gefetteten Backblech zu einem Rechteck (30 x 25 cm) ausrollen, mit
2 EL Aprikosen-Konfitüre	bestreichen.
	Für den Belag
100 g Margarine, z.B. Sanella, oder Butter	mit
100 g Zucker	
1 Päckchen Vanillin-Zucker	
2 EL Wasser	langsam zerlassen
200 g abgezogene, gehobelte Mandeln	
2 EL abgezogene, gemahlene Mandeln	
100 g rote Belegkirschen (in Stücke geschnitten)	unterrühren, Masse kurz aufkochen, etwas abkühlen lassen, gleichmäßig auf den Teig streichen vor den Teig einen mehrfach umgeknickten Streifen Alufolie legen
Strom	
Ober-/Unterhitze	170 – 200 °C (vorgeheizt)
Heißluft	etwa 160 °C (nicht vorgeheizt)
Gas	Stufe 3 – 4 (5 Minuten vorheizen)

Backzeit	20 – 30 Minuten
	Gebäck abkühlen lassen, zunächst in Vierecke (10 x 10 cm), dann in Dreiecke schneiden
	Gebäck nach Belieben mit aufgelöster Schokolade verzieren.

ZEDERNBROT

☆ **einfach** ☆

	Für den Teig
3 Eiweiß	mit Handrührgerät mit Rührbesen steif schlagen
375 g Puderzucker	mit
1 Päckchen Vanillin-Zucker	mischen, sieben, eßlöffelweise unterrühren
2 Tropfen Backöl Bittermandel	
1 EL Zitronensaft	
abgeriebene Schale von 1 Zitrone (unbehandelt)	und die Hälfte von
etwa 375 g abgezogenen, gemahlenen Mandeln	unterrühren
	von dem Rest der Mandeln so viel unterkneten, daß der Teig kaum noch klebt, auf einer mit
abgezogenen, gemahlenen Mandeln oder gesiebtem Puderzucker	bestreuten Arbeitsfläche gut ½ cm dick ausrollen, Halbmonde ausstechen, auf ein mit Backpapier belegtes Backblech legen
Strom	
Ober-/Unterhitze	130 – 150 °C (vorgeheizt)
Heißluft	etwa 120 °C (nicht vorgeheizt)
Gas	Stufe 1 – 2 (vorgeheizt)
Backzeit	30 – 40 Minuten.
	Für den Guß
150 g Puderzucker	sieben, mit
2 – 3 EL Zitronensaft	glattrühren, so daß eine dickflüssige Masse entsteht, die erkalteten Plätzchen damit bestreichen.

BROTTEIG

Sonnenblumenkern-Brötchen

☆ einfach ☆

(Foto Seite 252 /253)

(12 – 14 Stück) 300 g Weizen, fein gemahlen 200 g Roggen, fein gemahlen	beide Zutaten in eine Rührschüssel geben, mit
1 Päckchen Trocken-Backhefe	sorgfältig vermischen
1 gehäuften TL Salz 375 ml (3/8 l) lauwarmes Wasser 125 g Sauerteig (vom Bäcker)	hinzufügen die Zutaten mit Handrührgerät mit Knethaken zunächst auf niedrigster, dann auf höchster Stufe in etwa 5 Minuten zu einem glatten Teig verarbeiten, kurz vor Beendigung der Knetzeit
100 g ohne Fett geröstete Sonnenblumenkerne	unterarbeiten (einen Eßlöffel zum Garnieren zurückbehalten) den Teig abgedeckt an einem warmen Ort so lange stehen lassen, bis er sich sichtbar vergrößert hat, aus der Schüssel nehmen, auf der Arbeitsfläche gut durchkneten, zu einer Rolle formen, in 12 – 14 Stücke schneiden, jedes Teigstück rund formen die Brötchen auf ein gefettetes Backblech legen, mit Wasser bestreichen, die zurückgelassenen Sonnenblumenkerne auf die Brötchen verteilen, etwas andrücken, nochmals so lange an einem warmen Ort gehen lassen, bis sie sich sichtbar vergrößert haben
Strom	
Ober-/Unterhitze	200 – 220 °C (vorgeheizt)
Heißluft	170 – 180 °C (nicht vorgeheizt)
Gas	etwa Stufe 4 (vorgeheizt)
Backzeit	etwa 30 Minuten.

LANDBROT

	Für den Hefeteig
250 g Weizenmehl (Type 1050) 250 g Roggenmehl (Type 1150)	in eine Rührschüssel geben, mit
1 Päckchen Trocken-Backhefe	sorgfältig vermischen
1 TL Zucker 2 TL Salz frisch gemahlenen Pfeffer 4 EL (60 ml) Speiseöl 250 ml (¼ l) lauwarmes Wasser	hinzufügen die Zutaten mit Handrührgerät mit Knethaken zunächst auf niedrigster, dann auf höchster Stufe verrühren
125 g Sauerteig (vom Bäcker)	hinzufügen, alles in etwa 5 Minuten zu einem glatten Teig verarbeiten, abgedeckt an einem warmen Ort so lange stehen lassen, bis er sich sichtbar vergrößert hat, aus der Schüssel nehmen, auf der Arbeitsfläche gut durchkneten aus dem Teig ein rundes Brot formen, auf ein gefettetes Backblech legen, nochmals so lange an einem warmen Ort gehen lassen, bis er sich sichtbar vergrößert hat, mit Wasser bestreichen, kreuzweise etwa 1 cm tief einschneiden, mit
Weizenmehl	bestäuben
Strom	
Ober-/Unterhitze	etwa 200 °C (vorgeheizt)
Heißluft	170 – 180 °C (nicht vorgeheizt)
Gas	Stufe 3 – 4 (vorgeheizt)
Backzeit	etwa 50 Minuten.

BROTTEIGE

WEISSBROT

	Für den Hefeteig
500 g Weizenmehl (Type 405)	in eine Rührschüssel sieben, mit
1 Päckchen Trocken-Backhefe	sorgfältig vermischen
1 gestrichenen TL Zucker 1 schwach gehäuften TL Salz 2 Eier, 1 Eigelb etwa 100 ml lauwarme Milch 1 Becher (150 g) Crème fraîche	hinzufügen (Foto 1) die Zutaten mit Handrührgerät mit Knethaken zunächst auf niedrigster, dann auf höchster Stufe in etwa 5 Minuten zu einem glatten Teig verarbeiten (Foto 2), abgedeckt an einem warmen Ort so lange gehen lassen, bis er sich sichtbar vergrößert hat den Teig in eine gefettete, mit
Semmelbröseln	ausgestreute Kastenform (30 x 11 cm) geben, nochmals an einem warmen Ort gehen lassen, bis er sich sichtbar vergrößert hat den Teig der Länge nach etwa 1 cm tief einschneiden (nicht drücken, Foto 3), mit Wasser bestreichen
Strom	
Ober-/Unterhitze	170 – 200 °C (vorgeheizt)
Heißluft	etwa 160 °C (nicht vorgeheizt)
Gas	Stufe 3 – 4 (nicht vorgeheizt)
Backzeit	40 – 50 Minuten.
Tip	Unter den Teig 150 g verlesene Rosinen kneten.

LEINSAMENBROT

	Für den Hefeteig
100 g Leinsamen	in
100 ml heißem Wasser	etwa 30 Minuten quellen lassen
250 g Roggen-Backschrot (Type 1800)	
250 g Weizenmehl (Type 550)	in eine Rührschüssel geben, mit
1 Päckchen Trocken-Backhefe	sorgfältig vermischen
gut 1 TL Zucker	
gut 1 TL Salz	
3 EL Speiseöl	
250 ml (¼ l) lauwarme Buttermilch	hinzufügen
	die Zutaten mit Handrührgerät mit Knethaken zunächst auf niedrigster, dann auf höchster Stufe in etwa 5 Minuten zu einem glatten Teig verarbeiten, gegen Ende der Knetzeit den Leinsamen unterkneten
	den Teig abgedeckt an einem warmen Ort so lange gehen lassen, bis er sich sichtbar vergrößert hat, aus der Schüssel nehmen, auf der Arbeitsfläche gut durchkneten
	aus dem Teig ein ovales Brot formen, auf ein gefettetes Backblech legen, nochmals an einem warmen Ort gehen lassen, bis es sich sichtbar vergrößert hat
	die obere Seite des Teiges mehrere Male etwa 1 cm tief einschneiden (nicht drücken), mit Wasser bestreichen
Strom	
Ober-/Unterhitze	etwa 200 °C (vorgeheizt)
Heißluft	170 – 180 °C (nicht vorgeheizt)
Gas	Stufe 3 – 4 (vorgeheizt)
Backzeit	etwa 1 Stunde
	den Teig während des Backens ab und zu mit Wasser bestreichen, um eine schöne Kruste zu erzielen.

KÄSEBROT

☆ für Gäste ☆

	Für den Hefeteig
500 g Weizenmehl (Type 550)	in eine Rührschüssel geben, mit
1 Päckchen Trocken-Backhefe	sorgfältig vermischen
1 TL Zucker	
1 TL Salz	
etwas Pfeffer	
3 EL Speiseöl	
250 ml (¼ l) lauwarmes Wasser	hinzufügen die Zutaten mit Handrührgerät mit Knethaken zunächst auf niedrigster, dann auf höchster Stufe in etwa 5 Minuten zu einem glatten Teig verarbeiten, abgedeckt an einem warmen Ort so lange stehen lassen, bis er sich sichtbar vergrößert hat den Teig aus der Schüssel nehmen
175 g Emmentaler	in nicht zu kleine Würfel schneiden, zu dem Teig geben, auf der Arbeitsfläche gut unterkneten den Teig in eine gefettete Auflaufform (Ø etwa 20 cm) geben
75 g Emmentaler	in kleine Keile schneiden, in den Teig stecken, nochmals an einem warmen Ort gehen lassen, bis er sich sichtbar vergrößert hat
1 Eigelb	mit
1 EL Wasser	verschlagen, den Teig damit bestreichen
Strom	
Ober-/Unterhitze	etwa 200 °C (vorgeheizt)
Heißluft	170 – 180 °C (nicht vorgeheizt)
Gas	Stufe 3 – 4 (nicht vorgeheizt)
Backzeit	etwa 50 Minuten das Käsebrot aus der Form nehmen, nach Belieben warm oder kalt servieren.

MOHNZÖPFCHEN

	Für den Hefeteig
(12 Stück)	
500 g Weizenmehl (Type 550)	in eine Schüssel geben, mit
1 Päckchen Trocken-Backhefe	sorgfältig vermischen
1 gehäuften TL Salz	
1 EL Speiseöl	
125 ml (⅛ l) lauwarme Milch	
250 ml (¼ l) lauwarmes Wasser	hinzufügen
	die Zutaten mit Handrührgerät mit Knethaken zunächst auf niedrigster, dann auf höchster Stufe in etwa 5 Minuten zu einem glatten Teig verarbeiten
	den Teig abgedeckt an einem warmen Ort so lange stehen lassen, bis er sich sichtbar vergrößert hat, ihn aus der Schüssel nehmen, auf der Arbeitsfläche nochmals gut durchkneten, zu einer Rolle formen, in 12 Stücke schneiden
	von jedem Teigstück ein Drittel abnehmen, jeweils zu einer etwa 15 cm langen Rolle formen, die größeren Teigstücke jeweils zu etwa 30 cm langen Rollen formen
	die langen Rollen hufeisenförmig auf die Arbeitsfläche legen, jeweils eine kurze Rolle dazwischen legen, aus den drei Strängen einen Zopf flechten, die Enden fest drücken, evtl. nach hinten unter den Zopf schlagen
	die Teigzöpfe auf ein gefettetes Backblech legen, an einem warmen Ort nochmals so lange gehen lassen, bis sie sich sichtbar vergrößert haben, die Zöpfe mit Wasser bestreichen, mit
Mohn	bestreuen
Strom	
Ober-/Unterhitze	200 – 220 °C (vorgeheizt)
Heißluft	170 – 180 °C (nicht vorgeheizt)
Gas	etwa Stufe 4 (vorgeheizt)
Backzeit	25 – 30 Minuten.
Tip	Während des Backens eine Schale mit heißem Wasser auf den Boden des Backofens stellen.

RATGEBER

Backzutaten

Anis
Stark aromatische Samenkörner mit süßlichem Aroma. Gemahlen verflüchtigt sich das Aroma sehr schnell. Erst kurz vor Gebrauch und in geringen Mengen einkaufen.

Ahornsirup
Saft des Zuckerahorns; wird vorwiegend in Kanada und im US-Staat Vermont gewonnen. Findet Verwendung z.B. für Backwaren (besonders für Vollwertgebäck), Konfitüren und Eiszubereitungen.

Backpulver
Teiglockerungsmittel aus Natriumbicarbonat, einem Säureträger und einem Trennmittel. Im Teig entwickelt sich beim Backvorgang Kohlensäure, die aus dem Teig entweicht und ihn lockert.

Backhefe
Biologische Triebmittel zur Teiglockerung. Als Frischhefe und Trocken-Backhefe im Handel. Trocken-Backhefe hält sich im Gegensatz zu Frischhefe mehrere Monate bis zu einem Jahr frisch. Die Menge eines Päckchens reicht für 500 g Mehl.

Backoblaten
Hauchdünnes Dauergebäck (rund oder viereckig); Unterlage z.B. für Makronen oder Lebkuchen. Hergestellt aus Mehl oder Speisestärke ohne Backtriebmittel.

Bittermandeln
Steinfrucht des Bittermandelbaumes. Bitterer Geschmack mit Blausäuregehalt. Nur in kleinsten Mengen als geschmacksgebende Zutat verwenden.

Bourbon Vanille Zucker
Echter Vanille Zucker mit mindestens 5% echter Vanille. An den schwarzen Punkten erkennbar.

Erdnußkerne
Geschälte Kerne der Erdnußpflanze. Wie Nüsse und Mandeln verwenden.

Farin-Zucker
Gelb- bis dunkelbrauner Zucker aus Zuckerablaufsirup, z.B. für Lebkuchen oder Honigteig.

Gelatine
Als Geliermittel beim Backen z.B. für Creme-, Sahne- oder Geleefüllungen.

Grümmel
Gestoßener brauner Kandis, sehr aromatisch im Geschmack, wird bevorzugt zum Backen von Honigkuchen, Lebkuchen und Printen. Wie Hagelzucker kann er auch zum Bestreuen von Kleingebäck genommen werden.

Hagelzucker
Grob kristallisierter Zucker zum Bestreuen von Gebäck.

Hirschhornsalz
Chemisches Triebmittel aus Ammoniumcarbonat oder aus kohlensaurem Ammonium. Bei Temperaturen über 60 °C zerfällt es in Ammoniak, Wasser und vor allem Kohlensäure, die den Teig lockert. Besonders geeignet für flache Gebäcke wie Lebkuchen (in hohen Gebäcken kann ein Rest Ammoniak zurückbleiben). Es zersetzt sich an der Luft, deshalb in gut verschlossenen Behältern aufbewahren.

Honig
Naturprodukt; Von Bienen erzeugt als Blütennektar mit verschiedenen Geschmacksrichtungen. Flüssige bis feste auskristallisierte Konsistenz. Besonders häufig verwendet bei der Vollwert- und Weihnachtsbäckerei.
Seine Süßkraft ist geringer als die von Zucker.

Ingwer
Gewürz aus dem Wurzelstock der Ingwerpflanze. Frisch, gemahlen, getrocknet, eingelegt in Sirup oder kandiert im Angebot. Stark würziger, leicht brennender Geschmack.

Kardamom
Getrocknete Kapselfrucht der einjährigen Kardamompflanze. Ganz oder gemahlen im Angebot. Leicht brennender, würziger Geschmack. Findet besonders bei der Weihnachtsbäckerei Verwendung.

Kartoffelmehl
Speisestärke aus Kartoffeln.

Kokosraspel
Geraspeltes Fruchtfleisch der Kokosnüsse. Begrenzt lagerfähig, da nur ungeschwefelt im Handel erhältlich.

Korinthen
Grundsätzlich ungeschwefelte, getrocknete rötlich bis violett-schwarze, kernlose Beeren einer Abart der Weinrebe. Fruchtgeschmack und Aroma sind intensiver als bei Rosinen.

Krokant
Aus geschmolzenem, karamelisiertem Zucker und mindestens 20 % Nüssen und Mandeln hergestellt.

Koriander
Gelblich-bräunliche, kugelförmige, gleichmäßig und gerippte, getrocknete Spaltfrüchte des Korianderstrauches mit süßlich, aromatischem Duft. Ganz, geschrotet oder gemahlen im Angebot; sehr beliebt für Gebäck wie z.B. Gewürzkuchen, Spekulatius, Printen, Lebkuchen.

Kuvertüre
Schokoladen-Überzugsmasse mit unterschiedlichen Geschmacksnuancen. Hergestellt zum Überziehen von Gebäck, auch als Zusatz für Teige, Füllungen oder Cremes geeignet.

Mandeln
Schalenfrucht des Mandelbaumes. Geschält oder ungeschält; unzerkleinert, gehackt, gemahlen, gehobelt oder gestiftelt im Handel.

Marzipan-Rohmasse
Vorwiegend aus süßen Mandeln und Zucker hergestellt. Geeignet für Füllungen, Teige, Konfekt oder Garnituren.

Mohn
Ölhaltige Samen der Mohnpflanze; Verwendung z.B. für Füllungen oder als Teigzusatz (ganz oder gemahlen).

Muskat
Muskatblüte, Macis; roter Samenmantel, der die Nuß umhüllt. Mildes Aroma, feiner

zarter Geschmack. Muskatnuß, Frucht des immergrünen Muskatbaumes. Intensiver, würziger Geschmack. Sparsam dosieren. Beide Gewürze werden ganz und gemahlen angeboten.

Nelken
Kurz vor dem Aufblühen geerntete dunkelbraune Blütenknospen des Gewürznelkenbaumes. Getrocknet, ganz oder gemahlen im Handel. Intensives Aroma mit kräftigem, leicht brennend-scharfem Geschmack. Sehr sparsam dosieren.

Nougatmasse
Weiche Rohmasse aus geschälten Nußkernen, Zucker und Kakaoerzeugnissen. Wird geschmolzen oder geschmeidig gerührt als Teigzusatz, für Kuchen- und Tortenfüllungen und für Verzierungen verwendet.

Orangeat
Kandierte Fruchtschale der Pomeranze. Im Handel meist gewürfelt, aber auch in halben Schalen angeboten. Wird als Teigzusatz und zum Verzieren verwendet.

Pinienkerne
Ölhaltige Samenkerne der Pinien in den Mittelmeerländern. Im Geschmack Mandeln sehr ähnlich. Für Teige, Füllungen und Garnituren geeignet.

Pistazien
Schalenfrucht des Pistazienbaumes oder -strauches mit hellgrüner Farbe. Überwiegend entkernt angeboten, z.B. für Füllungen, Teige und Garnituren. Relativ teuer, wird nur in kleinen Mengen verwendet.

Pottasche
Chemisches Triebmittel aus Kaliumcarbonat. Weißes, geruchloses, etwas nach Lauge schmeckendes Pulver. Lockert nur in Verbindung mit Säure den Teig. Wird für Honigkuchen verwendet.

Rosenwasser
Nebenprodukt (Kondensat) bei der Gewinnung von Rosenöl. Beliebt zum Aromatisieren von Teigen und Marzipan.

Rosinen (Sultaninen)
Im Ursprungsland luftgetrocknete, helle oder dunkle, kernlose Beeren verschiedener Weinreben. Geschwefelt oder ungeschwefelt im Handel, z.B. für Teige, Füllungen oder Garnituren.

Safran
Getrocknete Blütenstempel einer Krokuspflanze des Mittelmeerraumes. Stark färbend. Aromatischer, leicht bitterer Geschmack; sparsam dosieren.

Sahnesteif
Pulver aus besonderen Stärkeprodukten, das während des Schlagens der Sahne beigegeben wird; es hält die Sahne länger steif und verhindert vor allem das Absetzen von Flüssigkeit.

Sesamsaat
Samen der in tropischen Ländern beheimateten Sesampflanze. Zum Würzen von Backwaren, Gemüse und Salaten.

Sojamehl
Aus der hauptsächlich kultivierten Sojabohnenpflanze wird das Sojamehl gewonnen, das Gebäcken einen besonderen Geschmack gibt.

Speisestärke
Aus Mais, Weizen oder Kartoffeln hergestelltes Bindemittel für Pudding, Saucen oder Cremes. Mit Mehl vermischt zur Teigbereitung verwendbar.

Sternanis
Samenhülse des in Südchina beheimateten Würzbaumes. Im Geschmack ähnlich dem Anis. Beliebt für die Weihnachtsbäckerei, aber auch für Brot, Süßspeisen.

Sucanat
Sucanat (Vollrohrzucker) wird aus dem Zellsaft des Zuckerrohr gewonnen und anschließend eingedickt. Der eingedickte Pflanzensaft wird getrocknet, dadurch bleiben wertvolle Mineralstoffe und Vitamine erhalten. Vollrohrzucker wird in der Vollwertbäckerei verwendet.

Sukkade
Andere Bezeichnung für Zitronat.

Tortenguß
In Päckchen abgepacktes Gelierpulver, das mit Wasser, Obstsaft oder Wein nach Vorschrift zubereitet wird. Es wird in noch flüssigem Zustand über den Obstbelag von Kuchen und Torten gegeben, wo es dann zu Gelee erstarrt. Im Handel farblos (klar) und rot erhältlich.

Vanille
Fermentierte Kapselfrucht einer im tropischen Amerika beheimateten Kletterorchidee. Verwendet wird das ausgekratzte Mark der Schote oder die ganze kleingeschnittene und vermahlene Schote. Ausgekratzte Schoten in Zucker legen und in einem (verschlossenem) Gefäß durchziehen lassen.

Vanillin-Zucker
Vanillin-Zucker ist eine Mischung aus Zucker und Vanillin. Es ist im Handel in Päckchen abgepackt erhältlich.

Zimt
Getrocknete Innenrinde des Zimtbaumes. Für die Herstellung von Gebäck ist der würzig, milde Ceylon-Zimt dem stark würzigen Kassia-Zimt (China) vorzuziehen.

Zitronat (Sukkade)
Kandierte Fruchtschale der Zitronat-Zitrone. Im Handel meist gewürfelt angeboten, aber auch als halbe Schalen. Wird als Teigzusatz und zum Garnieren verwendet.

Zucker
Aus Zuckerrüben oder Zuckerrohr gewonnener Rüben- bzw. Rohrzucker. Je nach Teig- oder Gebäckart wird Zuckerraffinade, Rohr-, Farin-, Hagel- oder Puderzucker zur verwendet.

Grundsätzlich ist für jede Teigzubereitung wichtig, daß alle Backzutaten frisch und einwandfrei sind. Zu lange gelagerte und minderwertige Zutaten können das ganze Gebäck verderben.

GETREIDE

Getreide gehört zu den ältesten Nahrungsmitteln, die vom Menschen kultiviert wurden. Alle Getreidearten, ob Weizen, Roggen, Hafer, Gerste, Hirse usw. enthalten wertvolle Nähr- und Aufbaustoffe. Sie bilden einen wichtigen Bestandteil der menschlichen Ernährung.

Das Getreidekorn besteht aus dem **Mehlkörper,** den **Frucht- und Samenschalen** und dem **Keimling.** Der Mehlkörper besteht aus Stärkekörnern und Eiweiß. Die Zelltrennwände sind aus Zellulose. Am Rand liegt die Aleuronschicht mit besonders hohen Anteilen an Eiweiß, Mineralstoffen und Vitaminen. Frucht- und Samenschalen umhüllen den Mehlkörper und den Keimling. Sie sind aus mehreren Schichten aufgebaut und haben einen sehr hohen Anteil an Ballast- und Mineralstoffen. Der Keimling enthält neben wichtigen Vitaminen und Spurenelementen einen hohen Anteil an pflanzlichem Eiweiß und hochwertigem pflanzlichem Fett.

Von den hier abgebildeten Getreidearten hat sich in Mitteleuropa der Weizen zum wichtigsten Backgetreide entwickelt, da Mahlprodukte aus Weizen die besten Backeigenschaften aufweisen.

Weizen wird in der Feinbäckerei verwendet. Er enthält einen hohen Anteil an Klebereiweiß sowie Kalium, Phosphor, Magnesium und Vitaminen des B-Komplexes. Der Kleber nimmt etwa die dreifache Menge an Wasser auf. Beim Backen verklumpt der Kleber und bildet zusammen mit der Stärke ein elastisches Gerüst im Gebäck.

Roggen wird überwiegend zur Brotherstellung verwendet. Die Eiweißstoffe des Roggens sind weniger quellfähig. Durch Zugabe von Säure kann die Quellfähigkeit jedoch verbessert werden, deshalb werden Brotteige zusätzlich mit Sauerteig gelockert. Roggen enthält hochwertiges Eiweiß, Kalium, Phosphor, Magnesium und Kalzium.

Gerste enthält kein Klebereiweiß und ist nur in Verbindung mit anderen Getreidearten zum Backen geeignet. Sie enthält viel Eiweiß, Kalium, Phosphor, Magnesium und Vitamin B.

Hafer wird im Handel als Grütze, Mehl und Flocken angeboten. Der Vollwertigkeit wegen, sollte Nackthafer oder Sprießkornhafer zum Backen verwendet werden. Hafer ist reich an Eiweiß, Vitaminen und Mineralstoffen.

Buchweizen ist zum Backen gut geeignet, allerdings empfiehlt es sich, Buchweizen mit Weizenmehl zu vermischen. Buchweizen ist kein Getreide sondern ein Knöterichgewächs. Er ist reich an Mineralstoffen, Vitaminen und Lecithin.

Grünkern ist halbreif geernteter Dinkel. Das Getreide wird nach der Ernte vorsichtig getrocknet. Zum Backen wird es als Mehl verwendet. Grünkern enthält Kalzium und Phosphor.

Dinkel ist eine Weizenart und wird auch Spelzweizen genannt. Er enthält besonders viel Klebereiweiß, Kalzium und Phosphor. Er hat gute Backeigenschaften und ist vor allem in der Vollwertbäckerei beliebt.

Hirse wird in der Vollwertbäckerei für knuspriges Gebäck verwendet. Sie enthält Mineralstoffe, vor allem Phosphor, Magnesium, Eisen und Vitamine des B-Komplexes.

Mais ist wegen des Fehlens von Klebereiweiß nur bedingt backfähig und wird mit anderen Getreidearten vermischt. Mais hat einen hohen Fettgehalt.

Mehl

Die Verarbeitung des Getreidekorns zum Endprodukt Mehl ist ein langer und aufwendiger Weg. Der Mahlprozeß des gereinigten und gelagerten Getreides erfordert bis zu 20 Mahlvorgänge. Es beginnt mit dem Zerkleinern des Korns auf Walzen zu Schrot. Durch Absieben entfernt man Kleie und Keimling. Durch weiteres Sieben werden die verschieden großen Mehlkörperteilchen nach ihrer Größe getrennt. Erneutes Zerkleinern während der folgenden Mahlstufen ergibt Grieß (je nach Weizensorte – Hartweizen- oder Weichweizengrieß). Die nächste Ausmahlungsstufe nennt man Dunst, im Handel als besonders feinkörniges, griffiges Mehl bekannt. Danach erfolgt die letzte Ausmahlung zu dem meistverbreiteten, feinen, weißen Mehl der Type 405. Dieses Mehl enthält nur noch wenig Anteile der Randschichten des Getreidekorns. Weizen-Vollkornmehl und Mehle mit einer höheren Typenzahl (z.B. Type 1050) werden in einer der vielen Zwischenstufen gewonnen. Weizen-Vollkornmehl besteht aus dem ganzen Korn, also auch aus den Randschichten und dem Keimling. Die Mehle mit einer höheren Typenzahl enthalten dementsprechend auch höhere Anteile an Randschichten des Korns. Unterschiedliche Anteile an Randschichten erkennt man auch an der Farbe des Mehls besonders deutlich. Vollkornmehl sind dunkler als Auszugsmehle.

Weizenauszugsmehl der Type 405 (1)

Diese feine, hellste Mehlsorte ist das Universal-Haushaltsmehl für alle Anwendungsbereiche und wird deshalb mit großem Abstand am häufigsten verwendet. Die Weizenmehltype 405 hat eine besonders hohe Backfähigkeit, da der Anteil der im Inneren des Mehlkörpers enthaltenen Eiweißstoffe besonders groß ist. Die Eiweißstoffe quellen beim Backen in der Feuchtigkeit des Teiges: Er erhält eine gute Festigkeit und Stabilität, wird zart und feinporig.

Dunst oder doppelgriffiges Mehl (2)

Dies ist ein besonders feinkörniges griffiges Mehl, das die Verarbeitung von schwierigen Teigen deutlich

vereinfacht. Hefegebäcke gehen besser auf und Strudelteige werden lockerer.

Dunkles Weizenmehl Type 1050 (3)

Es enthält einen besonders hohen Anteil an Randschichten des Weizenkornes und ist deshalb reich an wertvollen Mineralstoffen, Vitaminen und Ballaststoffen. Durch die hervorragenden Backeigenschaften eignet es sich für Brot und viele andere Gebäckarten mit herzhaft kräftigem Geschmack.

Weizen-Vollkornmehl (4)

Es wird aus hochwertigen, kräftigen Weizenkörnern mit der Schale gemahlen. Der hohe Schalenanteil läßt dem Mehl seinen vollen Geschmack, was es besonders wertvoll fur eine gesunde Ernährung macht, und gibt ihm eine angenehm braune Farbe.

Weichweizengrieß (5)

Er ist sehr feinkörnig, schalenfrei und wird aus Weichweizen ermahlen.

Hartweizen-Grieß (6)

Er ist kernig, hart und herzhaft im Geschmack und wird ausschließlich aus dem hochwertigen, goldgelben Durum-Weizen gemahlen. Hartweizen-Grieß eignet sich besonders gut für Aufläufe, Klöße und Suppeneinlagen.

Roggenmehl Type 997 (7)

Dieses dunkle, kräftige Mehl ist voller wertvoller Mineralstoffe. Es enthält verdauungsfördernde Ballaststoffe und höherwertiges Eiweiß als die meisten anderen Getreidearten. Zusammen mit seinem herzhaften Geschmack wird es damit zum idealen Brotmehl.

Roggenvollkornschrot Type 1800 (8)

Dies ist ein aus dem ganzen Korn bestehendes Mahlprodukt. Je nach Korngröße unterscheidet man zwischen Grob- und Feinschrot. Roggenvollkornschrot wird vor allem in der Brotherstellung verwendet.

BACKFETTE

Zum Backen werden überwiegend Margarine, Butter und gelegentlich Pflanzenöl verwendet. Mit Ausnahme der Biskuitteige, die ihren Fettanteil durch die Eier erhalten gibt es keinen Teig, der ohne die Zugabe von Fett zubereitet wird. Fett ist für die Teigbeschaffenheit (Konsistenz) sehr wichtig; es trägt dazu bei, daß der Teig saftig und mürbe wird, und sorgt dafür, daß die verschiedenen Aromastoffe richtig zur Geltung kommen.

Margarine

Margarine ist ebenso wie Butter ein Emulsionsfett, eine sogenannte Wasser-in-Öl-Emulsion. Diese Emulsionsfette bestehen aus Fetten, in die kleine Wassertröpfchen feinverteilt eingebettet sind. Margarine ist eine Emulsion mit ca. 80 % Fett und ca.

20 % Wasser. Zwar sind Wasser und Fett normalerweise nicht miteinander mischbar, aber mit Hilfe sogenannter Emulgatoren, z.B. Lecithin oder Monoglyceriden (beide sind natürliche Bestandteile von Fetten) wird die Feinverteilung ermöglicht und stabilisiert.

Margarine wird vorwiegend aus pflanzlichen Rohstoffen wie z.B. Sonnenblumen- oder Sojaöl hergestellt.
Jede Margarinesorte hat, u.a. bedingt durch ihre Fettzusammensetzung, ihre Konsistenz und ihren Geschmack und ihren Verwendungsschwerpunkt, unterschiedliche Rezepturen und Rohstoffe. So enthalten z.B. Pflanzenmargarinen ausschließlich pflanzliche Fette und Diät-Margarinen, die besonderen Ernährungserfordernissen dienen, haben z.B. einen höheren Anteil an mehrfach ungesättigten Fettsäuren.

Je nach Fettzusammensetzung unterscheiden sich die einzelnen Margarinen auch in ihrer Konsistenz. Würfel- oder Stangenmargarinen sind weniger streichfähig als im Becher abgepackte Sorten. Die streichfähige und geschmeidige Konsistenz der Margarine bleibt auch bei der Lagerung im Kühlschrank erhalten, so daß sie bei Bedarf sofort für die Teigzubereitung verarbeitet werden kann.
Besonders gut als Backmargarine geeignet ist Sanella. Sie läßt sich leicht geschmeidig rühren und verbindet sich gut mit den übrigen Backzutaten. Die Teige werden nach dem Backen feinporig und erhalten eine gleichmäßige Konsistenz.
Margarine ist bei sachgemäßer Lagerung am besten kühl bei 5 °C bis 15 °C mindestens 10 Wochen haltbar. Zimmertemperatur sollte nicht überschritten werden. Angebrochene Packungen sollten zügig aufgebraucht werden.

Pflanzenöl

Bei der Zubereitung von Quark-Öl-Teig oder teilweise auch Hefeteig wird Pflanzenöl verwendet. Das Öl wird z.B. aus Sojabohnen, Sonnenblumenkernen oder Oliven gewonnen. Um den Geschmack der einzelnen Gebäcksorten nicht einseitig zu beeinflussen, ist es empfehlenswert, geschmacksneutrale Öle zu verwenden.

Weiße Fette

Die sogenannten weißen Fette bestehen zu 100 % aus reinem Pflanzenfett, d.h. sie enthalten – genau wie Pflanzenöl – kein Wasser. Ein Pluspunkt dieser Fette ist ihre große Hitzestabilität. Weiße Fette haben einen hohen Rauchpunkt und sind deshalb zum Fritieren besonders geeignet, da bei diesen Garmethoden hohe Temperaturen für die Bräunung und eine schnelle Krustenbildung bei Fritiergut erforderlich sind. Zur Herstellung von Kuchenglasuren ist geschmacksneutrales weißes Kokosfett hervorragend geeignet.

Butter

Sie besteht aus einer Emulsion mit mindestens 82 % Milchfett und höchstens 16 % Wasser. Im Gegensatz zur Margarine hat Butter eine begrenztere Haltbarkeitsdauer und sollte immer kühl aufbewahrt werden. Butter behält bei der Lagerung im Kühlschrank eine feste Konsistenz. Daher muß sie vor der Verarbeitung zuerst Zimmertemperatur annehmen, um geschmeidig gerührt werden zu können.

Handrührgerät und Küchenmaschine

Handrührgeräte und Küchenmaschinen erleichtern der Hausfrau mühsame und zeitraubende Arbeit beim Backen.

Sie sind aus einem modernen Haushalt nicht mehr wegzudenken. Alle Teige dieses Buches können Sie mit einem Handrührgerät oder mit einer Küchenmaschine mit Rührbesen und Knethaken zubereiten.

Handrührgerät
Handrührgeräte sind in der überwiegenden Zahl der Haushalte anzutreffen, in kleinen Haushalten sind sie oft das Hauptgerät, während sie in größeren Haushalten als Zweitgerät verwendet werden.
Handrührgeräte sind schnell einsatzbereit und benötigen wenig Platz.

Der Motorteil der Handrührgeräte ist unterschiedlich gestaltet. Die Umdrehungszahlen sind z.T. höher als bei der Küchenmaschine, deshalb ist z.B. Sahne in kürzerer Zeit geschlagen. Der Motor hat jedoch meist eine geringere Belastbarkeit als der der Küchenmaschine, was sich

z.B. bei schweren Brotteigen bemerkbar macht.
Handrührgeräte haben meist einen Doppelanschluß für Rührbesen und Knethaken. Geschaltet werden die Geräte entweder in drei Leistungsstufen oder sie werden stufenlos elektronisch geregelt.

Zur Grundaustattung gehören zwei Rührbesen, zwei Knethaken. Als Sonderzubehör gibt es z.T. einen Ständer, der ein selbständiges Arbeiten des Gerätes ermöglicht, so daß die Hände zum Bedienen frei bleiben. Die Schüssel sollte sich jedoch mitdrehen, da sonst das Arbeitsergebnis nicht zufriedenstellend ist.

Küchenmaschine
Moderne Küchenmaschinen sind heute auch für kleine Küchen und Haushalte ideal. Sie sind handlich, vielseitig im Einsatz und sicher in der Bedienung. Sie stehen fest auf der Arbeitsplatte und man hat beide Hände zum Bedienen frei. Das Rühren von Teigen, Schlagen von Sahne und Kneten von schweren Brotteigen ist mit solchen Geräten mühelos.

Diese Geräte bringen Kraftersparnis, oft ein besseres Arbeitsergebnis. Bei richtigem Einsatz wird Zeit gegenüber der Handarbeit gespart.

Der Motorblock einer Küchenmaschine hat zwei Antriebsstellen, einen Schnellantrieb für den Mixaufsatz und einen Kraftantrieb für die Rührschüssel und die übrigen Zusatzgeräte.

Universalküchenmaschinen sind je nach Fabrikat mit verschiedenen Zubehörteilen ausgestattet.
Die Grundausstattung besteht aus Rühr- und Knetwerk und manchmal aus dem Mixer. Die ein- oder zweiarmigen Rührbesen rühren Teig und schlagen Eiweiß und Sahne. Die Knethaken verarbeiten mittelschwere bis schwere Teige. Die zu den Geräten gehörigen Rührschüsseln haben ein unterschiedliches Fassungsvermögen, von 2 – 6 kg Teig. Die Auswahl richtet sich nach der Größe des Haushalts.

Der Mixer zerkleinert, mischt, püriert und emulgiert, jedoch nur kleinere Mengen.

Zu den Geräten gibt es umpfangreiches Zubehör, wie z. B. Getreidemühlen. Man sollte sich jedoch vor der Anschaffung genau überlegen, ob die Geräte auch benutzt werden.

Kleinere Küchenmaschinen gibt es in sehr unterschiedlichen Ausführungen und Ausstattungen. Die Arbeitsergebnisse sind gut, es können jedoch nur kleinere Mengen verarbeitet werden.

Backöfen und Backtemperaturen

Bei den Backöfen unterscheidet man Gas- und Elektrobacköfen. Die Elektrobacköfen sind weiter verbreitet. Bei der Beheizungsart unterscheidet man Backöfen mit konventioneller Beheizung, d.h. Ober- und Unterhitze, mit Heißluft (Umluft), kombinierte Backöfen und Backöfen mit integrierter Mikrowelle.

Backöfen mit konventioneller Beheizung
Bei dieser Beheizung wird die Temperatur durch Ober- und Unterhitze erzeugt.
Diese Backöfen sind für alle Teige geeignet. Bevor das Gebäck in den Backofen eingeschoben wird, sollte dieser, wenn nicht anders angegeben, auf die vorgeschriebene Temperatur eingestellt und vorgeheizt werden (10 – 15 Minuten). Wird nicht vorgeheizt, verlängert sich die Backzeit um diese Zeit. Erreicht der Backofen die eingestellte Temperatur, erlöscht die Kontrollampe und das Gebäck kann eingeschoben werden.

Backöfen mit Heißluft
Bei diesen Backöfen wird die Luft erhitzt und im Backofen durch einen Ventilator ständig umgewälzt. Dieses System ermöglicht das gleichzeitige Garen in verschiedenen Ebenen. Der Backofen wird bei niedrigeren Temperaturen betrieben als bei konventioneller Beheizung; und zwar zwischen 20 – 30 °C niedriger.

Umschaltbare Backöfen
Die modernen Backöfen sind umschaltbar, d.h. der Benutzer kann an seinem Backofen zwischen konventioneller Beheizung und Heißluft wählen.

Backöfen mit integrierter Mikrowelle
Sie sind die neueste Entwicklung. Zusätzlich zu den Beheizungsarten des umschaltbaren Herdes können diese auch mit Mikrowelle kombiniert werden. Der Vorteil: Durch zugeschaltete Mikrowelle – meist mit einer reduzierten Leistung – wird der Garvorgang beschleunigt und gleichzeitig die gewünschte Bräunung erreicht. Diese Backöfen gibt es in folgenden Kombinationen:
- Ober- und Unterhitze mit Mikrowelle
- Heißluft (Umluft) mit Mikrowelle
- Ober- und Unterhitze und Heißluft (Umluft) mit Mikrowelle.

Beheizung und Mikrowellenbereich können einzeln, aber auch gemeinsam in Betrieb genommen werden. Hierfür sind die genauen Angaben der Hersteller zu beachten. Zum Backen ist die Mikrowelle allerdings nur bedingt geeignet, z.B. für Gebäck mit geringerem Mehlanteil wie Obstkuchen, Kuchen mit Rahmguß oder Käsekuchen, Nußkuchen.

Backhitzen und Einschubhöhe
Die richtig eingestellte Backtemperatur ist genauso wichtig wie die genaue Zubereitung der einzelnen Gebäcksorten. Der Verbraucher sollte deshalb nicht nur die Herstellung der verschiedenen Teigarten beherrschen, sondern auch seinen Herd kennen. Da die unter den Rezepten angegebenen Backzeiten länger oder kürzer sein können (das ist abhängig von Umständen, die auf die Verschiedenartigkeit der Herde, auf unterschiedliche Energiezufuhr und auch auf die Beschaffenheit der Zutaten zurückzuführen sind).
Es ist deshalb erforderlich, die Anleitungen der Hersteller, die den Herden beiliegen, genau zu beachten. Das Gebäck sollte besonders gegen Ende der Backzeit genau beobachtet werden. Mit einer Garprobe kann geprüft werden, ob das Gebäck durchgebacken ist.

Alle Teige, die in Formen gebacken werden, sollen stets auf dem Backrost stehen und nicht auf das Backblech oder auf den Boden des Backofens gestellt werden, da die Gebäcke dann von unten entweder zu dunkel werden oder nicht genügend bräunen (wenn die Hitze z.B. vom Backblech zu stark abgehalten wird).

Hohe und halbhohe Formen werden im allgemeinen auf dem Rost auf die untere Einschubleiste und flache auf dem Rost auf die mittlere Einschubleiste geschoben.

Flachkuchen, Kleingebäck, Stollen, Windbeutel und Eiweißgebäck werden im allgemeinen in die Mitte des Backofens geschoben (Kleingebäck evtl. höher einsetzen). **Maßgebend jedoch sind die Ausführungen und Anweisungen der Herd-Hersteller.**

Beim Gasherd kann – wie bereits erwähnt – eine Anzahl von Gebäcken in den kalten Backofen gesetzt werden. Darunter fallen besonders Gebäcke in hohen und mittelhohen Formen wie Napf- und Königskuchen.

Flach-, Klein- und stollenähnliche Gebäcke werden zweckmäßig im vorgeheizten Backofen gebacken, damit sie ihre Form nicht verlieren.

WICHTIG: Beim Backen in Elektroherden, d.h. in Herden mit Ober- und Unterhitze oder mit Heißluft (Umluft) kann bei Gebäcken mit längerer Backzeit (ab 30 Minuten) die Nachwärme des Backofens genutzt werden.

Backofen kann für die letzten 5 Backminuten bereits ausgeschaltet werden!

Backgeräte

Richtige, zweckmäßige Geräte sind sowohl für den Profi als auch für den Anfänger unentbehrliche Küchenhelfer. Gute Geräte und Hilfsmittel beeinflussen nicht unwesentlich die Backergebnisse.

Schüsseln (1) benötigt man in verschiedenen Größen. Zur Teigzubereitung, zum Schlagen von Sahne oder Eischnee benutzt man am besten Schüsseln aus stabilem Kunststoff, die an der Unterseite einen Gummiring eingearbeitet haben. Sie sind standfest und können nicht wegrutschen. Ansonsten empfiehlt es sich, ein feuchtes Tuch unter die Schüssel zu legen.
Cromarganschüsseln haben eine gute Wärmeleitfähigkeit. Sie bieten sich besonders für Arbeitsabläufe über dem Wasserbad an, z.B. zum Auflösen oder Temperieren von Kuvertüre.

Meß- und Wiegegeräte (2, 3) sind von entscheidender Bedeutung, damit die Rezepturen genau nachvollzogen werden können. Unentbehrlich ist z.B. eine exakte Küchenwaage (evtl. zum Zuwiegen) sowie ein übersichtlich eingeteilter Meßbecher. Der Handel hält eine große Auswahl an Geräten bereit.

Rührlöffel (4) (günstig mit durchlochtem Blatt). Zum Rühren verschiedener Zutaten.

Teigrädchen (5) zum Ausschneiden ausgerollter Teige, die damit einen dekorativ gezackten Rand erhalten.

Küchenschere z.B. zum Einschneiden von Teigen und zum Zurechtschneiden von Backpapier.

Palette (6) Dieser Metallspachtel, der einem breiten, großen aber stumpfen Messer ähnelt, wird z.B. zum Lösen angeklebter Teige beim Ausrollen genutzt. Er eignet sich zudem zum Bestreichen von Teigen mit Creme oder zum Umsetzen von Kleingebäck und Kuchen.

Schneebesen (7) in unterschiedlichen Größen, z.B. zum Schlagen von Eiern, oder Cremes bzw. zum Unterheben lockerer, empfindlicher Massen.

Backpinsel (8) zum Ausfetten von Backformen, Bestreichen von Gebäck, Auftragen von Glasuren usw.

Kurzzeitwecker zum Einhalten der genauen Backzeiten.

Teigschaber zum Umfüllen von Teigen aus der Rührschüssel oder zum Verstreichen von Kuchenteig in Backformen.

Mandel-/Nußmühle mit verschiedenen Einsätzen.

Teigkarte aus flexiblem Kunststoff mit der man Teig schneiden, Teigreste vom Schüsselrand entfernen und Arbeitsflächen säubern kann. Auch zum Verzieren von Tortenrändern mit Krokant o. ä. eignet sie sich.

Vorsatzscheiben für den Fleischwolf, zum Zubereiten von Spritzgebäck.

Kuchengitter, runde oder eckige Metallgitter werden zum fachgerechten Auskühlen von Gebäck gebraucht. Kühlt Gebäck auf einer normalen Kuchenplatte aus, so beginnt die Bodenunterseite zu schwitzen und das Gebäck wird feucht. Kuchengitter sollten Füße haben, damit die Luft von allen Seiten an das Gebäck gelangt.

Reiben, z.B. für Zitronenschale oder Schokolade.

Spritzbeutel (9) mit verschiedenen Tüllen, z.B. zum Verzieren von Gebäck oder zum Spritzen von Teigen.

Ausstechförmchen (10) neben runden, ovalen, eckigen, glatten oder gezackten gibt es Tier- und weihnachtliche Motive sowie Zahlen für Kekse oder Weihnachtsgebäck. Der Rand muß scharf und ebenmäßig sein, damit der Teig sauber und schnell durchtrennt wird.

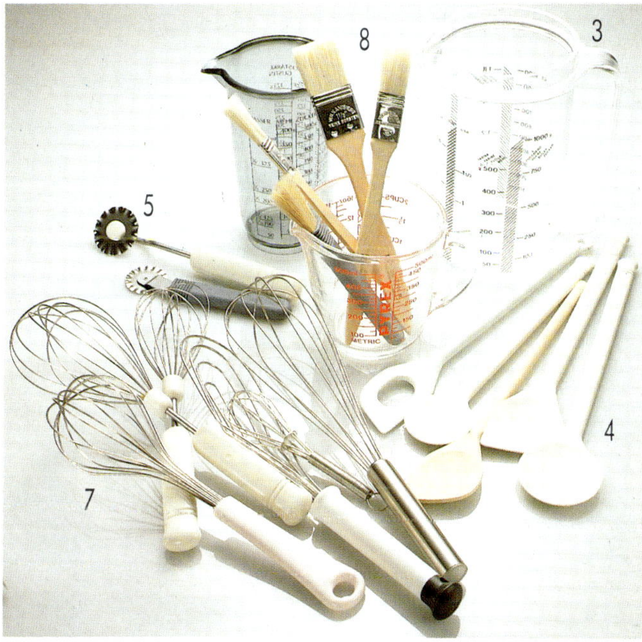

Siebe für Mehl, Speisestärke, Kakao, Backpulver, Puderzucker oder Konfitüre. Für kleine Mengen Mehl ist das Einhand-Mehlsieb besonders zu empfehlen.

Streuer aus Metall oder Kunststoff mit gelochtem Deckel zum Bestreuen von Kuchen oder Gebäck mit Puderzucker oder Kakao.

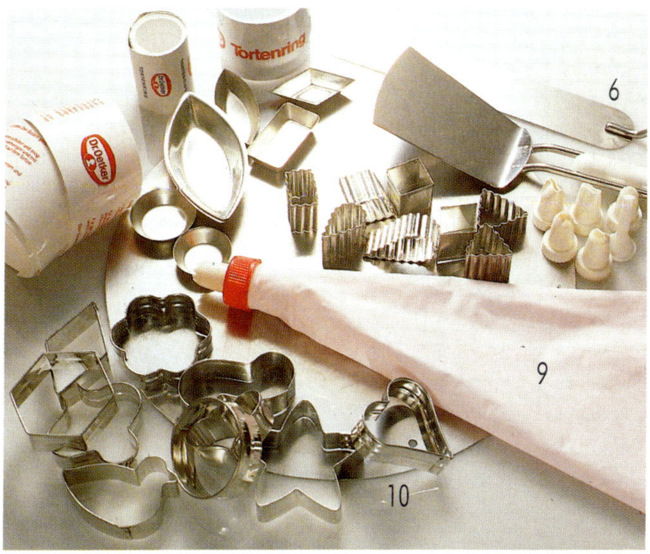

Teigrolle (Wellholz, Nudelholz). Aus Holz, Marmor, Edelstahl oder Kunststoff. Zum gleichmäßigen Ausrollen von Teigen oder Zerkleinern fester Zutaten (z.B. Krokant).

Tortenscheibe aus Cromargan oder stabilem Kunststoff, z.B. zum Umsetzen von Torten oder Abheben durchgeschnittener (halbierter) Tortenböden.

Tortenteiler.
Er hilft Tortenoberflächen problemlos in gleich große Stücke einzuteilen.

BACKFORMEN

Backformen

Für das Backen der verschiedenen Teige und für das optimale Gelingen der Gebäcke ist das Material der verwendeten Backform mitentscheidend. Aber auch das vorhandene Herdsystem sollte beim Kauf von Backformen berücksichtigt werden.

Das Material

Weißblechformen

Für die direkte Wärmeabgabe z.B. in Gasherden, ist Weißblech, rauhverzinnt, besonders gut geeignet. Weniger gut eignen sich Weißblechformen für Elektroherde. Weißblechformen sollten vor der ersten Benutzung einmal leer eingebacken werden, d.h., die Form etwa 30 Minuten bei Backtemperatur in den Backofen setzen. Wichtig ist, daß Teige in Weißblechformen auf dem Rost auf die untere Schiene in den Backofen geschoben werden, damit die Unterhitze den Teig zuerst erreicht und ein gleichmäßiges Bräunen gewährleistet.

Aluminiumformen

Aluminium ist ein korrosionsbeständiges Metall, das über eine ausgesprochen gute Wärmeleitfähigkeit verfügt. Alu-Backformen eignen sich daher für alle Herdarten gleichermaßen.

Schwarzlackierte Formen

Die dunklen Formen nehmen viel Hitze auf und geben sie auch sofort an den Teig weiter. Sie sind deshalb ideal für Elektro- und Heißluftherde. Beim Backen in Gasherden sollte eine etwas niedrigere Temperatur und zusätzlich eine höher gelegene Einschubleiste gewählt werden.

Formen mit Antihaft-Beschichtung

Die zeitgemäße Antihaft-Beschichtung der Weiß- und Stahlblechformen hat sich bei allen Herdsystemen bestens bewährt. Man spart mit ihnen nicht nur Energie (weil die dickere Wandstärke einer beschichteten Form die Hitze besser speichert), sondern der Kuchen läßt sich auch leichter aus der Form lösen – selbst wenn die Form mal nicht so sorgfältig eingefettet wurde.

Besonders im Trend liegen zur Zeit "schwere Backformen". Ihr professionelles Bild wird durch zwei Faktoren geprägt: erstens durch die Antihaftbeschichtung und zweitens durch die gute und schwere Materialqualität mit bis zu 0,8 mm Stahlblech.
Dadurch wird dem Verbraucher nicht nur eine hohe Haltbarkeit der Formen garantiert, sondern auch beste Wärmeleitfähigkeit. Und das führt selbstverständlich zu guten Backergebnissen.

Keramikformen

Sie speichern die Hitze zunächst wie ein Kachelofen und geben sie erst dann an das Backgut weiter. Attraktive Keramikformen ermöglichen nicht nur kreative und phantasievolle Gebäcke, sie sind auch als Wandschmuck sehr dekorativ. Einsetzbar sind sie in allen Herdarten, wobei es sich empfiehlt, die Formen stets weit unten im Backofen einzuschieben.

Die verschiedenen Formen

Die klassischen Kuchenformen sind Napfkuchen- (Gugelhupf-), Kasten-, Tortenboden- oder Springform. Springformen werden mit einem auswechselbaren flachen Boden, aber auch mit einem zusätzlichen Rohrbodeneinsatz für Kranzkuchen angeboten. Drei bis vier Formen sollten in der Grundausstattung eines Haushalts vorhanden sein. Zusätzlich zu den klassischen Formen gibt es weitere traditionelle Formen, wie z.B. Ring- oder Savarin-, Quiche- oder Pie-, Kleeblatt-, Herz-, Rosetten-, Stern- oder Rehrückenformen. Weitere Motive wie Baum-, Schmetterling-, Muschel- oder Tierformen sind vielleicht nicht unbedingt erforderlich, doch geben sie traditionsreichen Gebäcken ein immer wieder neues, interessantes Aussehen.
Sehr erfreulich – besonders für kleine Haushalte – ist, daß ein großer Teil dieser Formen auch in Miniausführung vom Handel angeboten wird.
Für Kleingebäck eignen sich Tortelett-Förmchen, Schiffchen usw. Außerdem gibt es Papierförmchen für den einmaligen Gebrauch.

Reinigen der Formen
Es ist am besten, die Backformen gleich nach dem Backen, sozusagen noch warm, auszuwaschen. Das geht bei beschichteten Backformen besonders problemlos.
Bei hartnäckigen Backresten sollte man keinesfalls mit scharfkantigem Werkzeug der Form zu Leibe rücken, nicht an ihr kratzen oder gar scheuern. Vielmehr sollte die Form nochmals in warmes Wasser gestellt, danach ausgespült und sorgfältig abgetrocknet werden.

Zur Grundausstattung gehören auch 1 bis 2 Backbleche. Ein Backblech wird meistens bei der Anschaffung des Backofens mitgeliefert. Dabei handelt es sich meist um helle Aluminiumbleche. Besser für das Backergebnis sind jedoch dunkle Bleche. Es lohnt sich diese nachträglich anzuschaffen. Backbleche sind für verschiedene Gebäckarten geeignet, wie z.B. für Obstkuchen, Gebäckrollen, figürliche Gebäcke, Kleingebäck oder Plätzchen.

Backtips

Mandeln abziehen

Mandeln werden meist abgezogen verwendet. Dafür die Mandeln zunächst in kochendes Wasser geben, kurz aufkochen lassen. In ein Sieb geben, mit kaltem Wasser abspülen. Die Mandeln aus den Häutchen drücken. Anschließend die Mandeln hacken, mahlen oder hobeln.

Nüsse schälen

Nüsse auf ein trockenes, sauberes Backblech legen, im Backofen bei etwa 130 °C so lange erhitzen, bis sich die braunen Häutchen abreiben lassen. Die heißen Nüsse in ein sauberes Küchentuch geben und die Häutchen mit Kreisbewegungen abreiben.

Nüsse und Mandeln rösten

Ganze, gehackte oder gemahlene Nüsse oder Mandeln unter ständigem Rühren ohne Fettzugabe in einer Pfanne rösten. Sie bekommen dadurch ein intensiveres Aroma. Nüsse oder Mandeln abkühlen lassen, erst dann weiterverarbeiten.

Tortelettförmchen auslegen

Kleine Tortelettförmchen zum Auslegen mit Teig evtl. mit Margarine oder Butter einfetten, eng aneinander stellen. Den Knetteig ausrollen. Die Teigplatte locker über die Förmchen legen. Teig leicht in die Förmchen drücken. Mit der Teigrolle über die Förmchen rollen und die Ränder andrücken. Den Knetteig mit dem Messer rings um die Förmchen abschneiden.

Tortenböden vorbacken

Teige für Tortenböden (ohne Belag) vorbacken, damit der Teigboden knusprig bleibt und bei einem saftigen Belag nicht durchweicht. Dafür den Teig in der Größe der entsprechenden Form ausrollen, in die Form geben. Mit einer Gabel mehrmals in den Teig stechen; die evtl. eingearbeitete Luft kann entweichen und der Boden bleibt flach.

Tortenböden blindbacken

Teige für Obsttorten blindbacken: Dafür den Teig in der Größe der entsprechenden Formen ausrollen, die Teigplatte in die vorbereiteten Formen geben, mit einer Gabel mehrmals einstechen, die Form mit rohen Hülsenfrüchten (Erbsen oder Bohnen) füllen; der Boden bleibt flach und der Rand kann nicht herunterrutschen.

Backformen vorbereiten

Backformen mit weicher Margarine oder Butter (nicht mit Öl!) gleichmäßig einfetten. Gugelhupf- oder Kastenformen evtl. mit Weizenmehl, Semmelbröseln, Kokosflocken, gemahlenen Nüssen oder Mandeln ausstreuen. Überschüssiges Mehl oder Semmelbrösel durch Klopfen auf die Form und Umdrehen abstoßen.

Biskuitböden teilen

Einen Tortenboden zum Füllen mit Hilfe eines Zwirnsfadens teilen. Dafür den Tortenboden zuerst in der entsprechenden Höhe mit einem spitzen Messer einschneiden. Zwirnsfaden in den Einschnitt legen, die beiden vorderen Enden über Kreuz legen und kräftig anziehen. Dadurch wird der Tortenboden sauber geteilt.

Knetteige verarbeiten

Knetteige vor der Ruhepause weiter verarbeiten, z.B. eine Form auslegen, die Teige formen oder Plätzchen ausstechen. Sie lassen sich leichter verarbeiten, bevor die in ihnen enthaltene Kleie gequollen ist.

Mehrere Partien Kekse backen

Ist nur ein Backblech vorhanden, soll jedoch eine größere Anzahl Plätzchen gebacken werden, kann man sich folgendermaßen behelfen: mehrere Back-Papierstücke in der Größe des Backblechs zuschneiden. Die Bögen mit dem ausgestochenen oder geformten Keksen belegen. Die belegten Papierbögen an der flachen Seite auf das Backblech ziehen. Das Gebäck kann so nicht verrutschen und kann nacheinander gebacken werden.

Backformen in den Backofen einschieben

Gefüllte Backformen zum Backen immer auf den Rost und nicht auf den Backofenboden stellen. Das Gebäck würde zu dunkel werden. Bei der Einschubhöhe die Anweisungen des Herstellers beachten.

Arbeitsfläche bemehlen

Beim Ausrollen des Teiges die Arbeitsfläche und die Teigrolle nur leicht bemehlen. Wird zuviel Mehl in den Teig eingearbeitet, wird er bröselig und das Gebäck wird trocken.

Teigplatten aufs Backblech bringen

Zerbrechliche Teigplatten lassen sich leichter auf das Backblech bringen, wenn sie über die leicht bemehlte Teigrolle gewickelt und auf dem Backblech wieder abgerollt werden.

Schokolade reiben oder raspeln

Soll Schokolade gerieben oder geraspelt werden, diese vorher in den Kühlschrank legen. Gut gekühlt läßt sie sich besser reiben oder raspeln.

Garprobe machen

Die gebräuchlichste Garprobe für Gebäck ist die Stäbchenprobe: Dafür wird ein Holzstäbchen an der dicksten Stelle in den Kuchen gestochen. Ist das Hölzchen trocken und haftet kein Teig mehr daran, ist der Kuchen gar. Biskuitplatten sind gar, wenn bei Fingerdruck keine Druckstelle auf der Oberfläche zurückbleibt.
Plätzchen sind gar, wenn die Oberfläche gelblich bis goldbraun ist. Bei Hefeplattenkuchen sollte die Unterseite leicht gebräunt und trocken sein. Um dies zu prüfen, den Kuchen vorsichtig mit einem breiten Messer hochheben.

Kuvertüre temperieren

Kuvertüre im Wasserbad langsam schmelzen, abkühlen lassen und nochmals vorsichtig erwärmen. So erhalten die Oberflächen von Gebäcken einen schönen Glanz.

Löffelbiskuits, Zwieback oder Krokant zerkleinern

Löffelbiskuits, Zwieback oder Krokant zum Zerkleinern in einen Gefrierbeutel füllen und mit einer Teigrolle darüber rollen. Die Biskuits, Zwiebäcke oder der Krokant werden zerkleinert und die Brösel werden nicht überall verstreut.

Zitronenschale abreiben

Zum Abreiben der Zitronenschale einen Streifen Pergamentpapier über die Reibe legen, nur das Gelbe der Schale abreiben, das Weiße ist bitter. Die Zitronenschale mit einem Messer abkratzen.

Gebäck aprikotieren

Konfitüre erwärmen, evtl. mit etwas Wasser verrühren und durch ein Sieb streichen. Durch das Aprikotieren haftet die Glasur besser auf dem Gebäck und hält es frisch. Außerdem verhindert die Konfitüre, daß die Glasur in den Teig dringt und ihn durchfeuchtet.

Kuchen aus Kasten- oder Springformen lösen

Kuchen in Kasten- oder Springformen etwas abkühlen lassen, dann vorsichtig vom Backformrand lösen. Den Springformrand lösen und die Kastenform abheben.

Gebäck auskühlen lassen

Gebäck zuerst auf einem Kuchengitter auskühlen lassen, damit der Boden nicht feucht wird. Erst danach auf die Kuchenplatte setzen.

Back- oder Pergamentpapier abziehen

Backpapier oder Pergament nach dem Backen flach abziehen, damit das Gebäck besser und schneller auskühlen kann.

Eiweiß steif schlagen

Eiweiß immer erst kurz vor der Verwendung steif schlagen. Wenn der Eischnee steht, verliert er seine Festigkeit und läßt sich auch nicht noch einmal aufschlagen.

Backtips für Vollkornteige

Mehl gegen Vollkornmehl austauschen

Bei vielen Teigarten kann Mehl Type 405 nicht im selben Mengenverhältnis gegen Vollkornmehl ausgetauscht werden. Durch den Kleieanteil quillt der Teig. Die Konsistenz des Teiges wird zu fest.

Backpulvermengen bei Vollkornteigen

Bei der Verwendung von Vollkornmehl ist es günstiger, etwas mehr Backpulver bzw. Triebmittel zu verwenden. Denn wegen des Kleieanteils ist der Teig schwerer und geht nicht so leicht auf.

Backzeiten einhalten

Backzeiten bei Vollkornteigen besonders genau einhalten. Das Gebäck wird sonst schnell trocken und bröselig.

Honig und Ahornsirup statt Zucker verwenden

Beim Einsatz von Vollkornmehl sollte Honig oder Ahornsirup anstelle von Zucker verwendet werden. Zuckerangaben können allerdings nicht im selben Mengenverhältnis gegen Honig oder Ahornsirup ausgetauscht werden. Die Konsistenz stimmt dann nicht mehr: Die Teige werden weich.

Hefetaschen

Hefeteig ausrollen und runde Platten von etwa 10 cm Durchmesser ausschneiden. Die Teigmitte mit etwas Füllung belegen und die Teigränder mit etwas verschlagenem Eiweiß bestreichen. Die eine Teighälfte über die Füllung klappen. Die Teigränder mit einem Löffelstielende zusammendrücken.

Windmühlen

Blätterteig dünn ausrollen und Vierecke von 10 x 10 cm ausrädern. Die Ecken etwa 5 cm bis zur Mitte einschneiden. In die Mitte eines jeden Teigvierecks eine gedünstete Aprikosenhälfte legen. Jeweils 2 gegenüberliegende Teigzipfel über die Aprikosenhälfte legen.

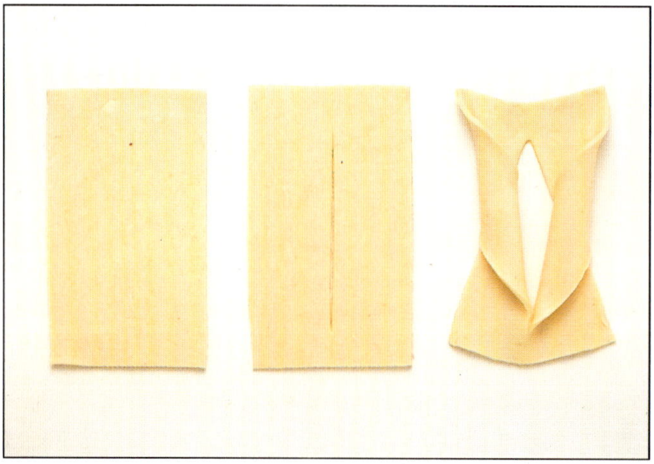

Hobelspäne

Knetteig dünn ausrollen und zu Rechtecken schneiden. Die Rechtecke in der Mitte einschneiden und ein Ende durch die Öffnung ziehen.

Hefezopf

Hefeteig in drei gleich große Portionen teilen, drei längliche, gleichmäßig dicke Rollen formen. Die Rollen nebeneinander legen, zu einem Zopf flechten. Die Enden unterschlagen.

Blätterteigkuverts

Blätterteig dünn ausrollen und Quadrate von 10 x 10 cm ausschneiden. Die Mitte der Teigquadrate mit etwas Füllung belegen. Die Teigzipfel so zur Mitte legen, daß sie dort zusammenstoßen.

Hörnchen

Blätterteig zu einer Platte von 72 x 14 cm ausrollen und Dreiecke ausschneiden (die breite Dreieckseite muß jeweils etwa 12 cm lang sein). Die Ränder der Teigdreiecke mit etwas Kondensmilch bestreichen. Die breite Teigseite mit etwas Füllung belegen und die Teigstücke zu Hörnchen aufrollen.

GARNIEREN UND VERZIEREN

Garnieren und Verzieren

Ein wahrer Augenschmaus und Vorgenuß sind stets farbenfroh verzierte, große und kleine Gebäcke. Der Phantasie sind dabei keine Grenzen gesetzt, denn was der Markt an Dekor- und Schokoladenprodukten, an kandierten Früchten, Mandeln, Nüssen, Kuvertüren und Marzipan anbietet, läßt der Kreativität eines jeden Hobbybäckers unendlich viel Spielraum. Aber nicht nur als Garnitur bieten sich all die Produkte an. Auch als Backzutat, Belag oder Füllungen sind sie ein ebenso wichtiger wie wohlschmeckender Bestandteil der unterschiedlichsten Gebäcke.

Einige Beispiele, was man wie machen kann, haben Sie bei den bereits vorgestellten Rezepten gesehen. Hier wollen wir Ihnen einige grundlegende Tips geben.

Zuckerglasur
200 g Puderzucker, evtl. mit etwas Kakao oder Instant-Kaffeepulver vermischt, mit etwa drei Eßlöffeln Flüssigkeit, z.B. Wasser, Zitronensaft, Fruchtsaft, Malventee oder Likör verrühren.

Eiweißglasur
200 g Puderzucker, evtl. mit etwas Kakao oder Instant-Kaffeepulver vermischt, mit 1 Eiweiß verrühren. Die Glasur nach Belieben mit Lebensmittelfarbe einfärben. Eiweißglasuren eignen sich besonders gut zum Spritzen. Dafür den Guß in Pergamentpapiertütchen füllen und damit Plätzchen, Kuchen und Torten beliebig verzieren.

Glasuren auftragen
Beim Auftragen von Glasuren auf größere Gebäckstücke, z.B. Torten, die Glasur auf die Mitte gießen und von da aus gleichmäßig verstreichen. Dann die Glasur am Tortenrand herunterfließen lassen und mit einem schräggehaltenen Messer verstreichen. Dabei muß schnell gearbeitet werden, damit die Glasur erst fest wird, wenn sie gleichmäßig aufgetragen ist. Glasuren müssen die richtige Konsistenz haben, um gut haften zu bleiben und den Teig in einer glatten Schicht abzudecken. Zu dicke Glasuren lassen sich schlecht auftragen. Zu dünne Glasuren decken nicht ab und sickern in den Kuchenteig.
Damit die Glasur nicht einsikkert, sollte das Gebäck vorher mit Marmelade oder Konfitüre bestrichen oder mit einer dünnen Marzipandecke belegt werden.
Soll Kleingebäck völlig mit Glasur überzogen werden, dieses auf eine Gabel spießen, in die Glasur eintauchen und auf einem Kuchengitter abtropfen lassen.

Gezogene Glasur
Eine Torte mit 100 g aufgelöster Kuvertüre überziehen. Puderzucker mit etwas Eiweiß zu einer spritzfähigen Masse verrühren, in ein Pergamentpapiertütchen füllen und auf den noch feuchten Guß in Form einer Spirale spritzen (von der Tortenmitte ausgehend). Durch den noch feuchten Guß mit einem spitzen Holzstäbchen in gleichmäßigen Abständen acht Mal von der Tortenmitte zum Rand und umgekehrt ziehen.

Plätzchen verzieren
Für die Plätzchen den Teig auf der Arbeitsfläche dünn ausrollen und verschiedene Motive ausstechen. Die Plätzchen backen, auskühlen lassen. Gesiebten Puderzucker mit etwas Eiweiß streichfähig verrühren. Jeweils einen Teil mit Lebensmittelfarbe beliebig färben. Die Plätzchen damit bestreichen und mit aufgeklebten Schokoladenplätzchen, Schokotröpfchen,

Schokoborke, Moccabohnen, Zuckerblümchen, Schokoladenstreuseln, Liebesperlen oder Baisersternen verzieren.

Dekorationen aus Marzipan-Rohmasse
Für die Zubereitung von Dekorationen aus Marzipan-Rohmasse zwei Teile Rohmasse mit einem Teil Puderzucker verkneten (d.h. 100 g Marzipan-Rohmasse mit 50 g Puderzucker verkneten).
Wenn die Masse angewirkt ist, ist sie leichter zu verarbeiten und bricht oder reißt nicht.

Marzipanblätter und -blüten
Für die Marzipanmasse 100 g Marzipan-Rohmasse mit 50 g Puderzucker verkneten. Für die Blüten etwas angewirktes Marzipan mit roter Lebensmittelfarbe färben, kleine Kugeln formen, mit dem Daumennagel kleine Platten drücken und zu einer Rose anordnen. Für die Blätter etwas angewirktes Marzipan mit grüner Lebensmittelfarbe färben und zu Rosenblättern formen. Mit einem Messerrükken Blattadern in die Blätter kerben. Aus ungefärbter Marzipanmasse einen Stiel formen. Die einzelnen Teile zu einer Rose zusammensetzen.

Selbstgemachte Schokospäne
Für selbstgemachte Schokospäne, z.B. für Schwarzwälder-Kirsch-Torte oder für Schokoladentorte 200 g dunkle Kuvertüre im Wasserbad schmelzen. Die Masse auf eine glatte Fläche, z.B. eine Marmorplatte, in dünner Schicht gießen. Die erstarrte Schokolade mit einem Spachtel zu Spänen abschaben.

Schokolierte Früchte
Kuvertüre im Wasserbad schmelzen. Früchte in die aufgelöste Kuvertüre tauchen und auf einem Kuchengitter oder Pergamentpapier trocknen lassen.

Unentbehrliche Backzutaten wie z.B. Mandeln, Nüsse, Pistazien, Krokant, Mohn, kandierte Früchte, Marzipan, Nuß-Nougat können gleichzeitig originelle Garnierungen für Fest- und Weihnachtsgebäck sein.

Für Kinderfeste werden Plätzchen und Kuchen mit Zuckerblümchen, Regenbogen-Zucker, farbiger Zuckerschrift, Streuseln, Liebesperlen usw. liebevoll verschönt. Denn Kinder lieben Buntes. Die farbigen Blümchen und Perlen werden mit Hilfe von aufgelöster Kuvertüre, Eiweiß oder Zuckerguß auf das erkaltete Gebäck geklebt.

Pannen - und wie man sie vermeidet

Wenn Ausbackfett schäumt...
Bei zu schwacher Hitze kann das Fett beim Einlegen des Teiges anfangen zu schäumen. Dadurch können empfindliche Teigstücke auseinandergerissen werden. Daher vor jeder Teigzugabe prüfen, ob das Fett die richtige Temperatur hat. Sie ist richtig, wenn sich um einen eingetauchten Holzlöffelstiel Bläschen bilden.

Wenn sich Backpulver rosa verfärbt...
Die Verfärbung tritt ein, wenn Backpulver zusammen mit Gewürzen aufbewahrt wird, z.B. Vanillin-Zucker oder Zimt. Deshalb Backpulver separat aufbewahren, am besten kühl und trocken in einer fest schließenden Dose. Die Wirksamkeit des an sich weißen Backpulvers wird durch die Verfärbung nicht beeinträchtigt.

Wenn Rosinen alle unten im Kuchen sitzen...
Sind Rosinen nicht alle gleichmäßig im Teig verteilt, sondern sitzen auf dem Boden, war der Kuchen zu weich. Darauf achten, daß der Teig bei der Zubereitung schwer-reißend vom Löffel fällt.

Wenn Rührkuchen Klitschstreifen hat...
Die Klitschstreifen entstehen fast immer dadurch, daß zuviel Milch an einen Rührteig gegeben wird. Deshalb darauf achten, daß nur so viel Milch unter den Teig gerührt wird, daß er schwerreißend vom Löffel fällt. Niemals so viel Milch zugeben, daß der Teig fließt, die Milch nach und nach zugeben.

Wenn Rührkuchen Luftlöcher hat...
Unregelmäßig verteilte Luftlöcher entstehen, wenn bei der Teigzubereitung während oder nach der Mehl-Backin-Zugabe zu stark gerührt wird. Luftlöcher können vermieden werden, wenn das Gemisch – jeweils 2 – 3 Eßlöffel auf einmal – nur ganz kurz untergerührt wird.

Wenn Knetteige sich nicht ausrollen lassen...
Ein Grund für das Mißlingen kann die verwendete Margarine sein. Wichtig ist, daß keine sogenannte "Aufstrichmargarine" oder Softmargarine verwendet wird. Am besten eignet sich normale feste Backmargarine, z.B. Sanella.

Wenn Knetteige zu weich sind...
Ist der Teig mit einem hohen Fettanteil beim Kneten zu weich geworden, stellt man ihn kalt. Enthält er dagegen zuviel Flüssigkeit durch Eier, Milch oder Wasser, kommt noch etwas Mehl darunter.

Knetteige brechen...
Meistens fehlt Flüssigkeit, wenn der Knetteig bei der Zubereitung bricht. Der Fehler ist schnell behoben, wenn man den Teig so zusammendrückt, daß eine Vertiefung in der Mitte entsteht. In diese etwas Milch geben und mit Hilfe einer Gabel in den Teig einarbeiten. Dann läßt sich der Teig leicht verkneten.

Wenn der Quark-Ölteig zu weich ausfällt...
Zu feuchter Quark ist schuld, wenn der Teig zu weich ausfällt. Der im Handel angebotene Quark ist unterschiedlich feucht. Den Quark eine Zeitlang abtropfen lassen, damit er möglichst trocken wird.

Wenn Hefe nicht geht...
Dr. Oetker Hefe ist in einem Spezialverfahren haltbar gemacht worden. Hefe braucht Wärme. Die Küche selbst sollte Wohntemperatur (etwa 22 °C) haben. Das lauwarme Wasser (Milch) ist richtig bei Körpertemperatur (37 °C).

Wenn Gelatine klumpt...
Setzt sich die Gelatinelösung bei der Zugabe in Klümpchen oder Strängen ab, ist die Masse, in die sie gegeben wird, zu kalt. Darauf achten, daß die Zutaten Zimmertemperatur haben, also nicht unter 15 °C.

Wenn Eiweiß sich schwer zu Schnee schlagen läßt...
Gerät beim Trennen etwas Eigelb in das Eiweiß, läßt dieses sich schwer zu Schnee schlagen. Am schnellsten wird das Eigelb mit Hilfe einer Eierschale entfernt.

Der Kuchen wird oben zu dunkel...
Wenn der Kuchen oben schon braun, aber innen noch nicht gar ist, deckt man ihn mit Pergamentpapier ab.

Wenn die Rührschüssel rutscht...
Hat die Rührschüssel keinen Gummiring an der Unterseite, beim Rühren des Teiges ein feuchtes Tuch unter die Schüssel legen, um ein Rutschen zu vermeiden.

Wenn die Buttercreme gerinnt...
Die Zutaten für die Buttercreme müssen die gleiche Temperatur haben. Das heißt: Die Butter darf nicht aus dem Kühlschrank heraus verarbeitet, und der Pudding muß gut abgekühlt sein.

Wenn der Obsttortenboden durchweicht...
Flüssigkeit aus dem Obst weicht den Tortenboden auf. Das kann verhindert werden, wenn der Tortenboden gleichmäßig mit Sahnesteif bestreut wird.

Wenn die Biskuitrolle bricht...
In den meisten Fällen ist die Rolle dann zu stark ausgebacken. Wird das Blech mit dem Teig in den auf starke Hitze vorgeheizten Ofen geschoben, so reicht eine Backzeit von 10 Minuten aus, um ein gares Gebäck zu erhalten. Bleibt der Biskuit länger als nötig im Ofen, trocknet er zu sehr aus. Die Folge ist, daß er beim Aufrollen bricht.

Wenn Biskuit Wölbung hat...
Wichtig für das Gelingen eines gleichmäßig hohen, ebenen Biskuitbodens sind die gut aufeinander abgestimmten Zutaten. Es kommt vor allem darauf an, daß stets halb Mehl-halb Stärkemehl verwendet wird.
Statt Speisestärke kann auch die entsprechende Menge Pudding-Pulver Vanille-Geschmack genommen werden. Der Springformrand soll nicht gefettet werden, da sonst der Teig während des Backens am Rand abrutscht und dadurch das Gebäck in der Mitte höher wird.

Wenn Biskuit zusammenfällt...
Bei der Zubereitung von Biskuitteig darauf achten, daß die vorgeschriebenen Zeiten bei Verwendung eines elektrischen Gerätes eingehalten werden. Denn zu lange geschlagene, d.h. "überschlagene" Teige gehen zunächst sehr schön auf, sind aber zu locker und fallen dann wieder zusammen. Um zu prüfen, ob der Biskuit wirklich gar ist, legt man die flache Hand auf; er muß weich und watteähnlich sein. Erst dann darf das Gebäck aus dem Ofen genommen werden.

Wenn Kuchen beim Schneiden bröckelt...
Das Messer beim Schneiden nicht herunterdrücken, sondern "sägend" bewegen, dann wird die Schnittfläche glatt. Empfehlenswert ist ein Sägemesser.

Fachbegriffe

Abrennen oder Abbrühen
Das Erhitzen des Brandteiges vor dem Backen. Am Topfboden muß sich ein weißlicher Belag bilden.

Abschlagen
Schlagen eines Hefeteiges mit Hand, Rührlöffel oder Knethaken, bis der Teig sich von der Schüsselwand löst und Blasen wirft.

Ansatz
Anderer Begriff für Vorteig. Ein Vorteig ist bei Trocken-Backhefe nur bei schwerem Teig, z.B. Stollen, notwendig.

Aufbacken
Erneutes Backen von Kuchen und Gebäck, das eingefroren war oder durch Lagern an Frische verloren hat, z.B. Brot. Gebäck mit Glasur eignet sich nicht zum Aufbacken.

Ausfüttern
Auskleiden einer Backform mit dünn ausgerolltem Blätter- oder Knetteig.

Besieben
Bestreuen von Kuchen oder Gebäck mit Puderzucker oder Kakao mit Hilfe eines Siebes oder Streuers.

Chantilly
Französische Bezeichnung für Schlagsahne.

Dressieren
Einer Speise eine gefällige Form geben. Beim Backen versteht man darunter das Formen von Gebäckstücken mit dem Spritzbeutel.

Fettgebäck
Gebäck, das in heißem Fett ausgebacken, also fritiert wird.

Gateau
Französische Bezeichnung für Kuchen und Torten.

Germ
Österreichische Bezeichnung für Hefe.

Kneten
Vermischen von Zutaten zu einem glatten Teig. Man kann mit den Knethaken des Handrührgerätes oder mit den Händen kneten. Beim Kneten mit den Händen sollte man beim Knetteig nur kurz kneten und möglichst mit den Handballen, damit der Teig nicht zu warm wird. Blätterteig darf nicht geknetet werden. Bleiben Reste übrig, werden sie aufeinandergelegt und erneut ausgerollt.

Meringue oder Meringe
Andere Bezeichnung für Baiser.

Nonpareille
Französische Bezeichnung für Liebesperlen.

Obers
Österreichische Bezeichnung für Sahne.

Patisserie
Französisches Wort für Konditorei und Bezeichnung für das Gebäck, das dort hergestellt wird.

Schlagen
Man schlägt den Teig mit den Händen oder mit dem Rührlöffel, wobei der Teig immer wieder hochgehoben und zusammengeschlagen wird, dabei entsteht ein homogener Teig, z.B. bei Hefeteig oder bei Strudelteig.

Schlagrahm
Österreichisches Wort für Schlagsahne.

Schmelzen
verflüssigen von Schokolade, Nougat-Masse oder Fett, meist über Wasserdampf.

Topfen
Österreichisches Wort für Quark.

Tränken
Einen Teigboden oder Kuchen mit Flüssigkeiten wie Fruchtsaft, Zuckerlösung oder Likör durchfeuchten oder das Gebäck hineinlegen.

Unterheben
Lockeres Untermischen einer Masse, meist Eischnee, unter eine andere Masse mit einem Kochlöffel oder Schneebesen.

Unterziehen
Langsames und vorsichtiges Einrühren und Vermischen von feinen Substanzen wie Mehl, Flüssigkeiten in einen Teig mit einem Schneebesen.

Vorheizen
Den Backofen auf die im Rezept angegebene Temperatur vorheizen. Vorheizen dauert je nach Modell 10 – 20 Minuten. Bei Heißluftherden ist Vorheizen nicht notwendig.

Wirken
Rollen und Kneten von kleinen Teigstücken, um sie zu formen und eine glatte Oberfläche zu erzielen.

AUFBEWAHREN

Aufbewahren von Gebäck

Noch immer sind feine zarte Gebäcke in möglichst großer Auswahl ein kulinarischer Höhepunkt an den vielen Fest- und Feiertagen des Jahres. Die meisten der Kuchen, Torten und Plätzchen können Tage, ja Wochen vorher auf Vorrat gebacken werden. Sachgemäß verpackt aufbewahrt, werden sie am Tage des Verzehrs nur noch gefüllt, garniert oder verziert und dann frisch oder knusprig serviert. Hier einige Tips, wie die verschiedenen Gebäcke behandelt werden, damit sie ihre duftende Frische behalten.

Formkuchen

Formkuchen nach beendeter Backzeit aus dem Backofen nehmen, etwa 10 Minuten stehenlassen (Obstformgebäcke sofort aus der Form nehmen), bevor sie auf einen Kuchenrost gestürzt werden. Das gut ausgekühlte Gebäck in Alufolie eingewickelt aufbewahren.

Blechkuchen

Plattenkuchen möglichst warm vom Backblech nehmen, dazu evtl. vierteln und auf einem Kuchenrost auskühlen lassen. Andernfalls schlägt sich die Feuchtigkeit aus dem Kuchen auf dem Backblech nieder und kann den Gebäckgeschmack beeinträchtigen.

Plätzchen

Alle vom Backblech genommenen Plätzchen müssen auf einem Kuchenrost zunächst gut auskühlen. Erst wenn sie völlig erkaltet sind, können sie zur Aufbewahrung verpackt werden.
Alle Plätzchen müssen kühl und trocken aufbewahrt werden.
Plätzchen, die knusprig bleiben sollen, werden in gut schließende Dosen gelegt.
Plätzchen, die weich werden sollen, bleiben an der Luft stehen, bis sie die gewünschte Beschaffenheit haben, erst dann werden sie in Dosen mit lose aufgelegtem Deckel gelegt. Das Gebäck bleibt weich, wenn eine Scheibe Brot mit in die Dose gelegt wird.
Es können mehrere Sorten Gebäck gleicher Art in einer Dose aufbewahrt werden, zweckmäßigerweise jeweils durch eine Lage Alufolie oder Pergamentpapier getrennt. Dabei ist zu beachten, daß stark gewürzte Plätzchen gesondert verpackt werden müssen.

Makronengebäck

Makronen dürfen nicht zu stark ausgebacken werden. Wenn sie vom Backblech genommen werden, müssen sie sich noch weich anfühlen. Während des Auskühlens auf dem Kuchenrost trocknen die Makronen ausreichend nach und behalten ihre äußere Knusprigkeit in fest verschlossenen Dosen.

Stollen

Nach dem völligen Erkalten auf dem Kuchenrost sollte der Stollen in Alufolie eingewickelt werden. So bleibt er, wenn er kühl und trocken gelagert wird, bis zu 4 Wochen frisch, und das Aroma der Früchte und Gewürze zieht durch das ganze Gebäck.

Einfrieren von Gebäck

Es ist empfehlenswert, mit Schlagsahne oder Creme verzierte Torten vorzufrieren und erst dann zu verpacken, damit die Verzierungen nicht beschädigt werden. Gebäcke, wenn möglich, portionsweise verpacken, weil einmal aufgetautes Gebäck nicht wieder eingefroren werden sollte.

Lagerzeiten: 3 Monate, höchstens bis zu 6 Monaten. Zum Auftauen im Backofen eignen sich alle trockenen Gebäcke (z.B. Butter- oder Zuckerkuchen, unbelegte Tortenböden oder Fettgebäck, z.B. Berliner, Eberswalder Spritzkuchen), die dann sofort noch warm serviert werden. Zum Einfrieren ungeeignet sind Eiweißgebäcke (z.B. Baiser, Makronen). Auftauzeit im Backofen: 5 – 20 Minuten, je nach Höhe des Gebäcks, bei Zimmertemperatur: 3 – 4 Stunden. Je nach Höhe und Art des Gebäcks benötigen Torten mit Obstfüllung oder Obst-Sahne-Torten längere Zeiten zum Auftauen (bei Zimmertemperatur) als solche nur mit Sahne. Gebäcke in angetautem Zustand schneiden.

Gebäck	**Zum Einfrieren geeignet**	**Anmerkungen**
Rührteig-Gebäck	gut	Einfrieren ohne Puderzucker-Guß, Krokant oder Obstbelag mit Tortenguß
Biskuitteig-Gebäck	gut	Verzierte Buttercreme- und Sahnetorten zunächst unverpackt einfrieren, dann erst verpacken
Knetteig-Gebäck	gut	Einfrieren ohne Puderzucker-Guß oder Obstbelag mit Tortenguß
Hefeteig-Gebäck	gut	Evtl. im Backofen bei 175 °C auftauen
Quark-Öl-Teig-Gebäck	gut	Einfrieren ohne Puderzucker-Guß Gebäck, das nochmals aufgebacken wird, beim ersten Backen nicht zu dunkel werden lassen
Brandteig-Gebäck	gut	Gebäckstücke aufgeschnitten einfrieren, vor dem Füllen kurz aufbacken
Strudelteig-Gebäck	gut	Einfrieren ohne Glasur, evtl. im Backofen auftauen bei 170 – 180 °C, dann mit Glasur versehen
Zwillingsteig-Gebäck	gut	Einfrieren ohne Glasur, evtl. im Backofen auftauen bei 170 – 180 °C, dann mit Glasur versehen
Blätterteig-Gebäck	gut	Einfrieren mit oder ohne Füllung
Fett-Gebäck	gut	Einfrieren ohne Glasur oder Puderzucker, evtl. im Backofen bei 170 – 180 °C auftauen, dann mit Guß versehen oder bestäuben

KAPITELREGISTER

Rührteig

Biskuitteig

Knetteig

Hefeteig

Quark-Öl-Teig

Brandteig

Strudelteig

Zwillingsteig

Blätterteig

Fettgebäck

KAPITELREGISTER

Weihnachtsgebäck

Brotteig

ALPHABETISCHES REZEPTREGISTER

A

B

C

E

F

G

ALPHABETISCHES REZEPTREGISTER

H

I / J

K

L

M

N

O

ALPHABETISCHES REZEPTREGISTER

Wieder auf den allerneusten Stand gebracht, gibt das Dr. Oetker Schul-KochBuch leicht verständlichen Privatunterricht für das sichere Gelingen der vielseitigen deutschen Küche. Alle Gerichte wurden erneut in der Dr.-Oetker Versuchsküche getestet und, wo es notwendig war, verbessert. Neue Rezepte und Fotos sind hinzugekommen. Ideal für alle, die sofort mühelos kochen wollen. Selbst Ungeübten gehen die einzelnen Schritte der Vor- und Zubereitung nahezu spielend von der Hand.

Der KochBuch-Klassiker aktualisiert und modernisiert

Geling Garantie
Von der Dr. Oetker Versuchsküche getestet

Schweizer Reis

	Für die Reiscreme
750 ml ($^3/_4$ l) Milch	mit
Salz	
75 g Zucker	
1 Päckchen Vanillin-Zucker	zum Kochen bringen
150 g Milchreis (Rundkorn)	hineingeben, bei schwacher Hitze ausquellen lassen, dabei ab und zu umrühren (der Reis muß körnig sein)
1 schwach gehäuften TL Gelatine, gemahlen, weiß	mit
2 EL kaltem Wasser	in einem kleinen Topf anrühren, 10 Minuten zum Quellen stehen lassen, zu dem Reisbrei geben, so lange rühren, bis sie völlig gelöst ist, den Reisbrei kalt stellen
250 g Schlagsahne	steif schlagen, unter den erkalteten Reisbrei heben, die Creme in eine Glasschale füllen, bis zum Verzehr kalt stellen
Garzeit für den Reis	etwa 20 Minuten
	Für die Erdbeersoße
500 g Erdbeeren	waschen, abtropfen lassen, entstielen, so lange pürieren, bis eine dickflüssige Soße mit Fruchtstückchen entstanden ist, die Soße mit
1 Päckchen Vanillin-Zucker	verrühren.

Hinweis
Wenn Sie Anregungen, Vorschläge oder Fragen zu unseren Büchern haben, rufen Sie uns unter folgender Nummer an (05 21) 52 06 42 oder schreiben Sie uns. – Wir werden umgehend antworten.

Redaktion Jasmin Gromzik, Carola Reich

Rezeptentwicklung und -text Versuchsküche Dr. August Oetker, Bielefeld

Titelfoto Brigitte Wegner, Bielefeld
(Foodstyling: Claudia Glünz-Wunder)

Innenfotos Thomas Diercks, Hamburg
Brigitte Wegner, Bielefeld

Reproduktionen Pörtner & Saletzki, Bielefeld

Satz Typografika, Bielefeld

Druck Mohndruck, Gütersloh

ISBN 3-7670-0323-6